新时代智库出版的领跑者

智库 中社
国家智库报告 2022（10）
National Think Tank
经 济

国家级新区和开发区高质量发展研究

冯烽 著

RESEARCH ON THE HIGH-QUALITY DEVELOPMENT OF STATE-LEVEL NEW DISTRICTS AND DEVELOPMENT ZONES

中国社会科学出版社

图书在版编目(CIP)数据

国家级新区和开发区高质量发展研究 / 冯烽著. —北京：中国社会科学出版社，2022. 4
(国家智库报告)
ISBN 978 - 7 - 5227 - 0111 - 0

Ⅰ. ①国… Ⅱ. ①冯… Ⅲ. ①高技术产业区—产业发展—研究—中国 Ⅳ. ①F269. 24

中国版本图书馆 CIP 数据核字（2022）第 066655 号

出 版 人 赵剑英
项目统筹 王 茵 喻 苗
责任编辑 黄 晗
责任校对 闫 萃
责任印制 李寡寡

出 版 中国社会科学出版社
社 址 北京鼓楼西大街甲 158 号
邮 编 100720
网 址 http://www.csspw.cn
发 行 部 010 - 84083685
门 市 部 010 - 84029450
经 销 新华书店及其他书店

印刷装订 北京君升印刷有限公司
版 次 2022 年 4 月第 1 版
印 次 2022 年 4 月第 1 次印刷

开 本 787 × 1092 1/16
印 张 9. 5
插 页 2
字 数 131 千字
定 价 58. 00 元

摘要：国家级新区和开发区既是新兴产业和高技术产业的主要承载地，又是带动区域经济增长的“火车头”。本书分别以国家级新区和开发区为对象进行研究：在对国家级新区发展现状进行系统分析的基础上，针对其在新时期发展存在的问题，给出了新发展格局下国家级新区高质量发展的对策建议。同时，对国家级开发区的设立及发展状况进行了深入分析，在此基础上，结合“双循环”的内涵要求，从提高其内生增长动能、激活开发区体系“微循环”、强化辐射带动效应、厚植双向开放基因四个方面，给出了以国家级开发区高质量发展促进“双循环”的实践路径。

关键词：国家级新区；国家级开发区；高质量发展；“双循环”；对策

Abstract: State-Level New Districts and Development Zones are not only the main bearing places for emerging industries and high-tech industries, but also the locomotives that drive regional economic growth. We takes State-Level New Districts and Development Zones as objects for research respectively: On the basis of a systematic analysis of the status quo of the development of State-Level New Districts, the countermeasures and suggestions for the high-quality development of State-Level New Districts under the new development pattern are given in view of the problems existing in their development in the new period. Meanwhile, based on an in-depth analysis of the establishment and development of State-Level Development Zones and the connotation requirements of the "dual circulation", the book has drawn a practical path to promote the "dual circulation" with the high-quality development of the development zone from four aspects: increasing the growth momentum of the State-Level Development Zones, activating the "micro-circulation" of the Development Zones system, strengthening the radiation driving effect, and thickening the two-way open genes.

Key words: State-Level New Districts; State-Level Development Zones, High-Quality Development, Dilemma, "Dual Circulation", Countermeasures

目　　录

一　国家级新区与开发区发展状况相关研究的文献述评

（一）国家级新区与开发区相关文献发表数量趋势

国家级新区作为一种特殊的地理空间单元，自其诞生起就受到了各界关注，尤其是在上海浦东新区和天津滨海新区展现增长极示范效应后，国家级新区发展状况的问题研究成为区域经济领域新的研究焦点。

图 1－1 是通过中国知网学术期刊数据库以“国家级新区”作为主题关键字的发文数量检索结果。从发文数量趋势看，检索结果显示学者们对国家级新区的研究始于 2007 年，随后至 2017 年呈现稳步增长，2017 年该主题的年度发文量达到 183 篇。其中 2014—2017 年的发文量持续快速上升，这一时期设立的国家级新区就高达 13 个，这客观上提升了学者们对国家级新区的关注。截至 2021 年，共有 1086 篇以国家级新区为主题的文献被中国知网学术期刊数据库收录，其中 200 篇刊于北大核心期刊或 CSSCI 期刊。由于 2018 年至今没有新设立的国家级新区，因此学者们对国家级新区的关注有所下降，这也导致了 2018 年以后以国家级新区为主题的发文量呈现波浪式下降。尽管如此，2021 年的发文量仍高于 2014 年的发文

量，达 85 篇。

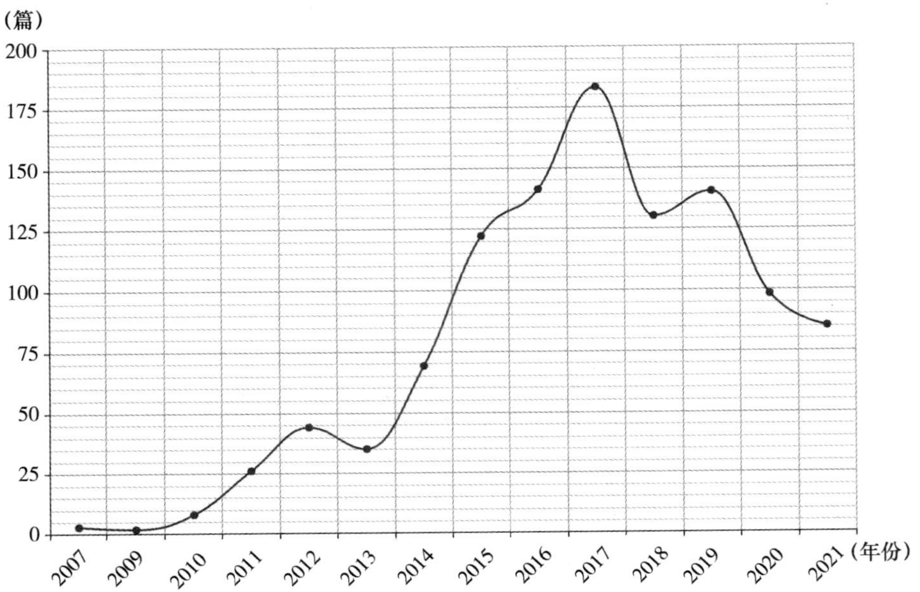

图 1－1　以“国家级新区”为主题的文献发表数量

资料来源：中国知网。

图 1－2 是通过中国知网学术期刊数据库以“国家级开发区”作为主题关键字的发文数量检索结果。从发文数量趋势看，检索结果显示学者们对国家级新区的研究始于 1992 年，随后至 2013 年呈现稳步增长趋势，2013 年该主题的年度发文量达到 129 篇，2013—2016 年有所下降并于 2017 年反弹至 107 篇。截至 2021 年，共有 1648 篇以国家级开发区为主题的文献被中国知网学术期刊数据库收录，其中 315 篇刊于北大核心期刊或 CSSCI 期刊。

（二）国家级新区与开发区文献述评

党的十九大报告首次提出“高质量发展”这一新表述，此

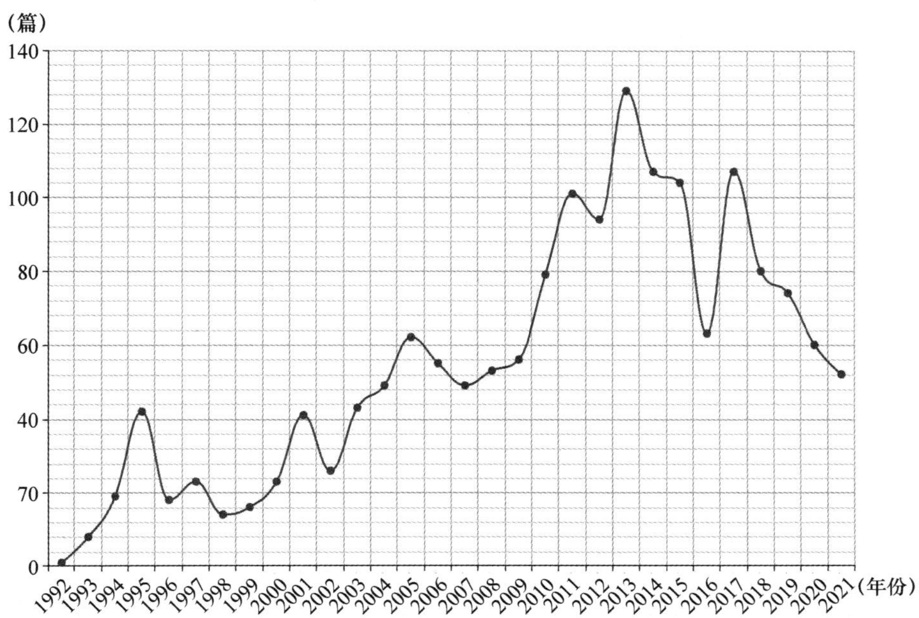

图 1－2　以“国家级开发区”为主题的文献发表数量

资料来源：中国知网。

后“高质量发展”被广泛列入各级政府及职能部门的相关文件，学术界也从不同角度对“高质量发展”进行了研究。在高质量发展的内涵方面，金碚基于经济学的基础理论，将高质量发展表述为“能够更好满足人民不断增长的真实需要的经济发展方式、结构和动力状态”①；吕守军和代政用马克思辩证唯物主义和历史唯物主义阐释了高质量发展是经济发展、社会发展、个体发展的有机统一。② 在高质量发展的评价方面，李金昌等在借鉴国外同类相关评价体系的基础上，从经济活力、人民生活、社会和谐、创新效率、绿色发展 5 个维度构建了高质量发展评

---

① 金碚：《关于“高质量发展”的经济学研究》，《中国工业经济》2018 年第 4 期。

② 吕守军、代政：《新时代高质量发展的理论意蕴及实现路径》，《经济纵横》2019 年第 3 期。

价指标体系；① 马茹等则从高质量供给、高质量需求、发展效率、经济运行和对外开放 5 大维度构建了中国区域经济高质量发展的评价体系。② 在高质量发展的保障和实现方面，赵剑波等从经济系统构成的单元、组织与结构研究了高质量发展的特征和实现条件；③ 任保平和李禹墨认为高质量发展的关键是要解决发展不平衡、不充分问题，提出了以高质量的供给体系和宏观调控体系保障经济的高质量发展。④ 在高质量发展的治理方面，杨耀武和张平通过构建理论模型分析影响经济发展质量的主要因素，并给出了高质量转型中的创新与治理机制。⑤ 上述研究对“高质量发展”的理论内涵、测度方法、制度保障和实现路径等方面进行了较为丰富的理论阐释，还有一些学者从行业⑥⑦⑧的层面研究了行业和企业高质量发展的实现路径。已有文献较少对国家级新区和开发区的高质量发展问题及对策进行系统研究。

学者们对国家级新区研究的关注点主要集中在国家级新区

---

① 李金昌、史龙梅、徐蔼婷：《高质量发展评价指标体系探讨》，《统计研究》2019 年第 3 期。

② 马茹、罗晖、王宏伟等：《中国区域经济高质量发展评价指标体系及测度研究》，《中国软科学》2019 年第 7 期。

③ 赵剑波、史丹、邓洲：《高质量发展的内涵研究》，《经济与管理研究》2019 年第 11 期。

④ 任保平、李禹墨：《新时代我国高质量发展评判体系的构建及其转型路径》，《陕西师范大学学报》（哲学社会科学版）2018 年第 3 期。

⑤ 杨耀武、张平：《中国经济高质量发展的逻辑、测度与治理》，《经济研究》2021 年第 5 期。

⑥ 吕延方、方若楠：《中国制造业高质量发展的包容性与绿色检验》，《现代经济探讨》2021 年第 7 期。

⑦ 黄先海、诸竹君：《生产性服务业推动制造业高质量发展的作用机制与路径选择》，《改革》2021 年第 6 期。

⑧ 牛亚丽：《农业产业链高质量发展的治理生态研究——基于“互联网 + 农业产业链”的融合创新视角》，《经济与管理》2021 年第 3 期。

的管理体制、[1] 建设模式、[2] 功能定位、[3] 绿色发展、[4] 产城融合[5]等问题。2020 年 1 月国务院办公厅印发了《关于支持国家级新区深化改革创新加快推动高质量发展的指导意见》，明确提出要努力将国家级新区打造成为“高质量发展引领区、改革开放新高地、城市建设新标杆”，学者们开始关注国家级新区发展质量的评价问题。周霞等基于产城融合、区域协同与双效提升的高质量发展目标体系，比较分析上海浦东新区、天津滨海新区等 6 个国家级新区的空间优化水平。[6] 王素君等结合高质量发展内涵和河北雄安新区发展定位，基于五大发展理念构建了河北雄安新区高质量发展的评价指标体系。[7] 曹清峰利用双重差分方法系统评估了国家级新区对区域经济增长的带动效应。[8] 已有国家级新区的研究，主要是围绕国家级新区的战略意义、管理体制、开发模式和评价体系进行的研究，或是专门探讨“单个新区”的案例研究，鲜见针对国家级新区发展的共性问题及对策的理论研究。为此，本研究在回顾国家级新区设立历程的基

① 徐勇：《国家级新区行政管理体制改革经验及对江北新区的启示》，《中共南京市委党校学报》2015 年第 3 期。

② 王佳宁、罗重谱：《国家级新区发展模式比较与重庆两江新区发展的路径选择》，《重庆社会科学》2017 年第 1 期。

③ 王佳宁、罗重谱：《国家级新区管理体制与功能区实态及其战略取向》，《改革》2012 年第 3 期。

④ 赵东方、武春友、商华：《国家级新区绿色增长能力提升路径研究》，《当代经济管理》2017 年第 12 期。

⑤ 程春生：《把国家级新区建设成为产城融合发展的示范区——以福州新区为例》，《社科纵横》2016 年第 10 期。

⑥ 周霞、王楠、毕添宇等：《高质量发展导向下国家级新区空间优化——基于双效评价与四分图分析》，《城市发展研究》2021 年第 6 期。

⑦ 王素君、宋鸿芳、田雯：《雄安新区高质量发展统计指标体系及测度研究》，《统计与管理》2021 年第 5 期。

⑧ 曹清峰：《国家级新区对区域经济增长的带动效应——基于 70 大中城市的经验证据》，《中国工业经济》2020 年第 7 期。

础上，分析制约国家级新区高质量发展的瓶颈问题，进而提出对策建议。

学者们对国家级开发区研究的关注点主要集中在国家级开发区的设立对企业融资、① 企业创新、② 企业生产率③等方面政策效应的实证研究，鲜有文献从促进国家级开发区对“双循环”新发展格局支撑作用的视角研究其高质量发展对策。为此，本研究探讨以国家级开发区体系作为“双循环”重要支点的可行性，结合开发区的发展现状和“双循环”的内涵要求，从提高开发区内生增长动能、激活开发区体系“微循环”、强化开发区辐射带动效应、厚植开发区双向开放基因四个方面，探寻以开发区高质量发展促进“双循环”的实践路径。

① 卞泽阳、李志远、徐铭遥：《开发区政策、供应链参与和企业融资约束》，《经济研究》2021 年第 10 期。

② 张杰、毕钰、金岳：《中国高新区“以升促建”政策对企业创新的激励效应》，《管理世界》2021 年第 7 期。

③ 李丽霞、李培鑫、张学良：《开发区政策与中国企业“出口—生产率悖论”》，《经济学动态》2020 年第 7 期。

二　国家级新区概览

国家级新区是由国务院批准设立，承担国家重大发展和改革开放战略任务的综合功能区。国家级新区是中国改革开放进程中，继经济特区和沿海经济开发区后诞生的又一区域经济发展重要形式。

国家级新区的总体发展目标、发展定位等由国务院统一进行规划和审批，相关特殊优惠政策和权限由国务院直接批复，在辖区内实行更加开放和优惠的特殊政策，以鼓励新区进行各项制度改革与创新的探索工作。

自 1992 年 10 月设立首个国家级新区——上海浦东新区以来，至 2017 年 4 月河北雄安新区的设立，国务院已批复设立 19 个国家级新区，规划面积达 22482. 41 平方千米（不包括海域面积；雄安新区按近期规划面积计）。设立国家级新区，一是希望这些区域通过着力提升经济发展质量和规模，保持其经济增长速度在比较长的时期内快于所在省（直辖市、自治区）的总体水平；二是将国家级新区打造成为全方位扩大对外开放的重要窗口、创新体制机制的重要平台、辐射带动区域发展的重要增长极、产城融合发展的重要示范区。

（一）国家级新区设立情况

1. 设立时间

国家级新区的建设最早可追溯至 20 世纪 90 年代初期。中央 1990 年（中委）100 号文件指出：“开发开放浦东是深化改革进一步实行对外开放的重大部署”，“充分利用这些优势，有计划、有步骤，积极稳妥地开发和开放浦东，必将对上海和全国的政治稳定与经济发展产生极其重要的影响”，“开发开放浦东，是一件关系全局的大事，一定要切实办好”。随后，1992 年 10 月 11 日，国务院批复设立上海市浦东新区，撤销川沙县，浦东新区的行政区域包括原川沙县，上海县的三林乡，黄浦区、南市区、杨浦区的浦东部分。

尽管上海浦东新区掀开了设立国家级新区的序幕，但直至 2005 年天津滨海新区设立，中国才正式进入以培育区域增长极为重点的国家级新区的发展阶段。1992 年设立上海浦东新区，但之后国家级新区的设立工作停止了十余年，直至 2005 年上海浦东新区的改革工作重启，上海浦东新区成为国家综合配套改革试验区。2005 年 10 月，党的十六届五中全会把天津滨海新区的开发开放纳入国家区域协调发展战略。2006 年 5 月 26 日，国务院发布《关于推进天津滨海新区开发开放有关问题的意见》，批准天津滨海新区为国家综合配套改革试验区。

此后，国务院陆续批复设立了重庆两江新区（2010 年 5 月 5 日）、浙江舟山群岛新区（2011 年 6 月 30 日）、兰州新区（2012 年 8 月 20 日）、广州南沙新区（2012 年 9 月 6 日）、陕西西咸新区（2014 年 1 月 6 日）、贵州贵安新区（2014 年 1 月 6 日）、青岛西海岸新区（2014 年 6 月 3 日）、大连金普新区（2014 年 6 月 23 日）、四川天府新区（2014 年 10 月 2 日）、湖南湘江新区（2015 年 4 月 8 日）、南京江北新区（2015 年 6 月 27 日）、福州新区（2015 年 8 月 30 日）、云南滇中新区（2015 年 9 月 7 日）、哈尔滨新区（2015 年 12 月 16 日）、长春新区（2016 年 2 月 3 日）、江西赣江新区（2016 年 6 月 14 日）16 个国家级新区。

2017 年 4 月 1 日，中共中央、国务院印发通知，决定以河北雄县、安新、容城3县及周边部分区域为地理范围设立河北雄安新区。河北雄安新区的正式设立，是党中央深入推进京津冀协同发展、有序疏解北京非首都功能做出的一项重大决策部署，更是以习近平同志为核心的党中央做出的一项重大的历史性战略选择。河北雄安新区是继深圳经济特区和上海浦东新区之后又一具有全国意义的新区，是千年大计、国家大事。

自1992年10月设立首个国家级新区——上海浦东新区以来，截至2020年6月，中国先后共设立国家级新区19个。

2. 规划面积

截至2020年6月末，已批复设立的19个国家级新区规划面积合计为48282.41平方千米。① 其中，陆地面积22482.41平方千米，海域面积25800平方千米。就陆地面积而言，其中有3个国家级新区的规划面积超过2000平方千米，分别为大连金普新区（2299平方千米）、天津滨海新区（2270平方千米）、青岛西海岸新区（2096平方千米）；有7个国家级新区的规划面积大于1000平方千米且不超过2000平方千米，分别为福州新区（1892平方千米）、贵州贵安新区（1795平方千米）、兰州新区（1700平方千米）、四川天府新区（1578平方千米）、浙江舟山群岛新区（1440平方千米）、上海浦东新区（1210.41平方千米）、重庆两江新区（1200平方千米）；有8个国家级新区的规划面积大于400平方千米且不超过1000平方千米，分别为陕西西咸新区（882平方千米）、广州南沙新区（803平方千米）、南京江北新区（788平方千米）、长春新区（499平方千米）、哈尔滨新区（493平方千米）、湖南湘江新区（490平方千米）、云南滇中新区（482平

① 雄安新区的规划面积按起步100平方千米计；福州新区按规划控制区面积1892平方千米计。

方千米）、江西赣江新区（465 平方千米）。

河北雄安新区作为疏解北京非首都功能、推动京津冀协同发展的历史性工程，党中央和国务院要求坚持世界眼光、国际标准、中国特色、高点定位，着眼打造北京非首都功能疏解集中承载地，创造“雄安质量”，高标准高质量规划建设雄安新区。雄安新区的规划面积起步约 100 平方千米，远期为 2000 平方千米。

2014 年，国务院颁布《新区设立审核办法》及实施细则，要求东部地区拟设立的国家级新区初期土地规模原则上应控制在 800 平方千米以内，其他地区原则上应控制在 500 平方千米以内。因此，总体而言，自 2015 年后设立的国家级新区的规划面积明显低于之前设立的国家级新区的规划面积。

3. 空间分布

从四大区域分布看，现有的 19 个国家级新区分布于中国东部、中部、西部和东北地区 4 大区域的 19 个省（直辖市）。其中，位于东部地区的国家级新区有 8 个，分别为上海浦东新区、天津滨海新区、浙江舟山群岛新区、广州南沙新区、青岛西海岸新区、南京江北新区、福州新区、河北雄安新区；位于中部地区的国家级新区有 2 个，分别为湖南湘江新区和江西赣江新区；位于西部地区的国家级新区有 6 个，分别为重庆两江新区、兰州新区、陕西西咸新区、贵州贵安新区、四川天府新区、云南滇中新区；位于东北地区的国家级新区有 3 个，分别为大连金普新区、哈尔滨新区、长春新区（见表 2－1）。

截至 2020 年 6 月末，尚未设置国家级新区的省（自治区）共 12 个。东部地区的北京和海南没有设立国家级新区，中部地区的山西、河南、湖北、安徽没有设立国家级新区，西部地区的内蒙古、广西、西藏、青海、宁夏、新疆没有设立国家级新区。

表 2－1　　中国四大区域的国家级新区数量

区域	国家级新区的个数	国家级新区
东部地区	8	上海浦东新区、天津滨海新区、浙江舟山群岛新区、广州南沙新区、青岛西海岸新区、南京江北新区、福州新区、河北雄安新区
中部地区	2	湖南湘江新区和江西赣江新区
西部地区	6	重庆两江新区、兰州新区、陕西西咸新区、贵州贵安新区、四川天府新区、云南滇中新区
东北地区	3	大连金普新区、哈尔滨新区、长春新区

注：东部、中部、西部和东北地区四大区域的省份按国家统计局对中国经济区域的划分为依据。

从沿海与内陆的区位看，国家级新区主体城市为沿海城市的国家级新区有 7 个，主体城市为内陆城市的国家级新区 12 个。地处沿海的 7 个国家级新区分别为上海浦东新区、天津滨海新区、浙江舟山群岛新区、广州南沙新区、青岛西海岸新区、大连金普新区、福州新区，其余的 12 个国家级新区位于内陆地区。

表 2－2　　沿海与内陆的国家级新区数量

区位	国家级新区的个数	国家级新区
沿海	7	上海浦东新区、天津滨海新区、浙江舟山群岛新区、广州南沙新区、青岛西海岸新区、大连金普新区、福州新区
内陆	12	重庆两江新区、兰州新区、陕西西咸新区、贵州贵安新区、四川天府新区、湖南湘江新区、南京江北新区、云南滇中新区、哈尔滨新区、长春新区、江西赣江新区、河北雄安新区

注：对沿海城市或内陆城市的划分标准来自《中国海洋统计年鉴》，即具有海岸线的城市为沿海城市，否则为内陆城市。

从国家三大战略经济发展空间格局的分布看，19 个国家级新区均位于“一带一路”、京津冀协同发展与长江经济带的关键节点上。上海浦东新区位于上海市黄浦江东岸，地处“21 世纪海上丝绸之路”与长江经济带地理空间的交汇点。天津滨海新区背靠京津冀，面朝环渤海，地处环渤海经济圈和京津冀城市群的交汇点。重庆两江新区位于长江以北、嘉陵江以东，地处“一带一路”和长江经济带的联结点上，是西部大开发的重要战略支点。浙江舟山群岛新区地处中国东南沿海、长江口南侧，背靠上海、杭州、宁波等大中城市和长江三角洲，踞中国南北沿海航线与长江水道交汇枢纽，是长江流域和长江三角洲对外开放的海上门户和通道。兰州新区位于秦王川盆地，地处兰州、西宁、银川 3 个省会城市共生带的中间位置，是丝绸之路经济带和欧亚“大陆桥”的重要连接点。广州南沙新区位于古老海上丝绸之路的发祥地和“21 世纪海上丝绸之路”枢纽城市——广州市，地处粤港澳大湾区地理几何中心，是连接珠江口两岸城市群和港澳地区的重要枢纽性节点。陕西西咸新区位于西安市和咸阳市建成区之间，是古代陆上丝绸之路的起点，也是丝绸之路经济带的重要支点。贵州贵安新区位于贵阳市和安顺市结合部，地处黔中经济区核心区，是连接东南沿海、东盟、东南亚、南亚之间海上丝绸之路以及陆上丝绸之路经济带之间的重要节点。青岛西海岸新区位于“新欧亚大陆桥经济走廊”的主要节点城市和“21 世纪海上丝绸之路”合作支点城市——青岛市，处于京津冀和长三角两大都市圈之间的核心地带。大连金普新区位于辽东半岛南部，地处环渤海和东北亚经济圈，是“一带一路”的重要节点和国际联运的重要枢纽。四川天府新区位于成都市主城区南部，是“一带一路”和长江经济带的重要节点。湖南湘江新区位于湘江西岸，是打造“一带一路”核心增长极的重要节点，也是推动长沙在更高起点上融入“一带一路”和长江经济带的重要平台。南京江北新区位于南京市长江以北，是长江经济带和长江三角洲的重要发展支点，也是华东面向内陆腹地以及辐射带动长江中上游地区发展的重要战略节点。福州新区位于福州市滨海地区，地处长三角与珠三角之间，是串联两地区域经济及对台交流合作的要塞。云南滇中新区位于“一带一路”和长江经济带的重要交会城市——昆明市，是面向南亚东南亚辐射中心的重要支点和促进国际合作的重要平台。哈尔滨新区地处中国东北地区、东北亚中心地带，是第一条欧亚“大陆桥”和空中走廊的重要枢纽，也是“一带一路”向北开放的重要窗口。长春新区位于长吉图先导区的核心腹地和东北地区的地理中心，是哈大经济带和中蒙俄经济走廊的重要节点。江西赣江新区位于南昌市北部的赣江之滨，是“一带一路”和长江经济带的重要结合点，靠近长三角、珠三角、闽东南三个经济圈，具有承东启西、沟通南北的重要战略地位。河北雄安新区地处北京、天津、保定腹地，是京津冀协同发展的重中之重和促进京津冀经济发展的新增长极。

（二）国家级新区发展历程

20 世纪 90 年代初，在国内改革发展面临东欧剧变、苏联解体新挑战的背景下，党中央、国务院立足战略全局，于 1992 年设立上海浦东新区。国家级新区在当时是一个新生事物，还处于探索的阶段，国家对于新区的批复和设立极为慎重，在时隔 14 年后，于 2006 年才设立第二个国家级新区，即天津滨海新区。上海浦东新区和天津滨海新区逐步成为区域经济增长极后，2010—2013 年国务院相继批复设立重庆两江新区、浙江舟山群岛新区、兰州新区和广州南沙新区，范围逐步拓展到西部地区。这些国家级新区的建设与发展表现出了良好的势头，2014—2016 年，国务院又先后批复设立了陕西西咸新区等 12 个国家级新区，国家级新区数量快速增长，国家级新区设立和管理工作不断规范，空间布局不断优化。为深入推进京津冀协同发展、有序疏解北京非首都功能，2017 年党中央和国务院宣布设立河北雄安新区，河北雄安新区是继深圳经济特区和上海浦东新区之后又一具有全国意义的新区。按照国家级新区的发展历程，可分为如下五个阶段。

1. **孕育阶段**（1980—1989 年）

“文化大革命”后百废待兴，这从客观上推动了经济体制改革。1978 年安徽省凤阳县小岗村开创的家庭联产承包责任制成效喜人，这为后续“分灶吃饭”的“分级包干”财政体制改革提供了重要的经验参考。从 1980 年起，国家对省、直辖市、自治区实行“划分收支、分级包干”的财政体制。这次财政体制改革的目的，一是扩大地方财权，为地方注入活力，调动地方发展经济的积极性；二是增强地方政府增收节支的积极性，承担起财政平衡的一部分责任。

当时中国正处于“以经济建设为中心”的关键时点，深圳经济特区作为中国改革的“试验田”与对外开放的“窗口”，其肩负着“先行先试，为中国改革开放积累经验”的历史使命。1980 年设立深圳、珠海、汕头和厦门四个经济特区获得极大的成功后，1988 年又把海南划为经济特区，这是第五个经济特区，也是中国最大的经济特区。1984 年中央决定开放大连等 14 个沿海城市并于次年扩大为沿海经济开放区。经济特区以及随后的沿海经济开放区是这一时期中国区域经济发展的重要形式，为后来孕育和设立国家级新区积累了重要的经验。

2. **先行先试阶段**（1990—2005 年）

1990 年，党中央决定开发开放上海浦东新区，在浦东新区实行经济技术开发区和某些经济特区的政策，并于 1992 年批复设立上海浦东新区，由此，诞生了首个国家级新区。国家级新区作为经济特区的延伸，是中国实施区域经济发展战略和进行体制改革的重要载体。同时，因改革开放而生的上海浦东新区作为首个国家级新区，在新区开发建设、产业发展和体制机制改革等方面肩负着先行先试的重要使命。

3. 培养区域增长极阶段（2006—2012 年）

从 1990 年开放开发上海浦东新区算起，至 2006 年上海浦东新区从孕育到呱呱坠地并成长为一名意气风发的青年，为探索国家级新区的发展模式创造了新的经验。为了保持经济增长速度在比较长的时期内高于所在省份的总体水平，着力提升经济发展质量和规模，设立国家级新区，并将新区打造成为全方位扩大对外开放的重要窗口、创新体制机制的重要平台、辐射带动区域发展的重要增长极、产城融合发展的重要示范区，党的十六届五中全会把天津滨海新区的开发开放纳入国家区域协调发展战略。2006 年 5 月 26 日，国务院发布《关于推进天津滨海新区开发开放有关问题的意见》，设立天津滨海新区。2006—2012 年，中国陆续设立了天津滨海新区、重庆两江新区、浙江舟山群岛新区、兰州新区、广州南沙新区 5 个新区。这一阶段，国家级新区的设立与建设进入到以培育区域增长极为重点的发展阶段。

4. 以全面建成小康社会为目标的发展阶段（2013—2020 年）

随着国内国际形势的变化，中国经济发展进入“新常态”。面对经济增速换挡期、经济结构调整阵痛期、前期刺激政策消化期“三期叠加”的历史新阶段，“自扫门前雪”的“条块式”发展模式已经过时，中国亟待升级既有战略，在国际（尤其是周边）和国内两个层面上实现区域协同发展。党的十八大后，党中央正式开启了以“一带一路”建设、京津冀协同发展、长江经济带发展为引领的区域协同发展“大棋局”。这一时期的区域政策可以分为两大类：一类是以“一带一路”倡议、京津冀协同发展、长江经济带发展为代表的综合性区域规划；另一类是突出特定政策主题的改革试验区，最突出的表现是一系列的国家级新区、国家级改革试验区和区域规划的出台以及主体功能区战略的提出。这一阶段设立了陕西西咸新区等13个国家级新区。这一阶段设立的国家级新区体现了党的十八大以来中国区域发展政策强调合作协调发展的导向精神和全面建成小康社会的目标需要。

5. 面向开启全面建设社会主义现代化国家新征程的发展阶段（2021年至今）

随着中国全面建成小康社会、实现第一个百年奋斗目标，2021年中国进入“十四五”时期并开启了全面建设社会主义现代化国家新征程，把“聚焦实现战略目标和提升引领带动能力，推动区域重大战略取得新的突破性进展，促进区域间融合互动、融通补充”作为深入实施区域重大战略的目标要求列入《中华人民共和国国民经济和社会发展第十四个五年规划和2035年远景目标纲要》。这要求国家级新区必须立足新发展阶段，贯彻新发展理念，构建新发展格局，谋划新一轮发展规划，对接国家重大战略，在重点领域改革和高水平开放上发挥示范效应，以创新为引领，建设更加协调、更有效率、更高质量的国家级新区。

由上述国家级新区的设立历程可以发现国家级新区的批复逻辑在过去30年里也发生了转变：从最初上海浦东新区和天津滨海新区的中央自上而下的主动战略选择逐渐转向地方主动申请中央择优批复。① 这一设立和批复逻辑转变的直接体现是国家不再自上而下给予新区“量体裁衣”的政策支持，而更多的是

① 薄文广、殷广卫：《国家级新区发展困境分析与可持续发展思考》，《南京社会科学》2017年第11期。

依靠所在省（直辖市）的力量实现新区的规划、建设。

（三）国家级新区功能定位和发展目标

1. 功能定位

国家级新区是由国务院批准设立的以相关行政区、特殊功能区为基础，承担着国家重大发展和改革开放战略任务的综合功能区。各新区的资源禀赋、区域经济发展状况和国家发展战略是设立国家级新区的重要依据，同时，国务院也寄希望于国家级新区在经济发展、产业布局、新型城镇化、区域合作、对外开放、体制改革与科技创新等方面探索出可借鉴的典型经验。总体而言，国家级新区的功能定位主要包括自身特色、区域功能和国家战略中的任务三个维度的内容。

（1）上海浦东新区

根据《上海市浦东新区总体规划暨土地利用总体规划（2017—2035）》，上海浦东新区的功能定位为：中国改革开放的示范区；上海“五个中心”（国际经济、金融、贸易、航运和科技创新中心）的核心承载区；全球科技创新的策源地；世界级文化交流和旅游度假目的地；彰显卓越全球城市吸引力、创造力、竞争力的标杆区域。

（2）天津滨海新区

根据2006年5月国务院颁布的《关于推进天津滨海新区开发开放有关问题的意见》，天津滨海新区的功能定位为：中国北方对外开放的门户；高水平的现代制造业和研发转化基地；北方国际航运中心和国际物流中心；经济繁荣、社会和谐、环境优美的宜居生态型新城区。

（3）重庆两江新区

国务院赋予重庆两江新区的功能定位为：统筹城乡综合配套改革试验的先行区；内陆重要的先进制造业和现代服务业基

地；长江上游地区的金融中心和创新中心；内陆地区对外开放的重要门户；科学发展的示范窗口。

（4）浙江舟山群岛新区

根据《浙江舟山群岛新区发展规划》，浙江舟山群岛新区的功能定位为：浙江海洋经济发展先导区；全国海洋综合开发试验区；长江三角洲地区经济发展重要增长极。

（5）兰州新区

国务院赋予兰州新区的功能定位为：西北地区重要的经济增长极；国家重要的产业基地；向西开放的重要战略平台和承接产业转移示范区。①

（6）广州南沙新区

根据《广州南沙新区发展规划》，广州南沙新区的功能定位为：粤港澳优质生活圈和新型城市化典范；以生产性服务业为主导的现代产业新高地；具有世界先进水平的综合服务枢纽；社会管理服务创新试验区；粤港澳全面合作示范区。

（7）陕西西咸新区

国务院赋予陕西西咸新区的功能定位为：中国向西开放的重要枢纽；西部大开发的新引擎；中国特色新型城镇化的范例。②

（8）贵州贵安新区

国务院赋予贵州贵安新区的功能定位为：经济繁荣、社会文明、环境优美的西部地区重要的经济增长极；内陆开放型经济新高地和生态文明示范区。③

---

① 《兰州新区概况》，http：//www. lzxq. gov. cn/system/2018/10/25/030000231. shtml。

② 《国务院关于同意设立陕西西咸新区的批复》（国函〔2014〕2号），http：//www. gov. cn/gongbao/content/2014/content_ 2567170. htm。

③ 《国务院关于同意设立贵州贵安新区的批复》（国函〔2014〕3号），http：//www. gov. cn/gongbao/content/2014/content_ 2567171. htm。

（9）青岛西海岸新区

国务院赋予青岛西海岸新区的功能定位为：海洋科技自主创新领航区；深远海开发战略保障基地；军民融合创新示范区；海洋经济国际合作先导区；陆海统筹发展试验区。①

（10）大连金普新区

国务院赋予大连金普新区的功能定位为：中国面向东北亚区域开放合作的战略高地；引领东北地区全面振兴的重要增长极；老工业基地转变发展方式的先导区；体制机制创新与自主创新的示范区；新型城镇化和城乡统筹的先行区；东北亚国际航运中心和国际物流中心。②

（11）四川天府新区

国务院赋予四川天府新区的功能定位为：以现代制造业为主的国际化现代新区；内陆开放经济高地；宜业宜商宜居城市；现代高端产业集聚区；统筹城乡一体化发展示范区。③

（12）湖南湘江新区

国务院赋予湖南湘江新区的功能定位为：高端制造研发转化基地和创新创意产业集聚区；产城融合城乡一体的新型城镇化示范区；全国"两型"社会建设引领区；长江经济带内陆开放高地。④

（13）南京江北新区

国务院赋予南京江北新区的功能定位为：自主创新先导区；

---

① 《国务院关于同意设立青岛西海岸新区的批复》（国函〔2014〕71号），http：//www. gov. cn/gongbao/content/2014/content_ 2701554. htm。

② 《国务院关于同意设立大连金普新区的批复》（国函〔2014〕76号），http：//www. gov. cn/gongbao/content/2014/content_ 2717362. htm。

③ 《国务院关于同意设立四川天府新区的批复》（国函〔2014〕133号），http：//www. gov. cn/gongbao/content/2014/content_ 2771076. htm。

④ 《国务院关于同意设立湖南湘江新区的批复》（国函〔2015〕66号），http：//www. gov. cn/gongbao/content/2015/content_ 2856655. htm。

新型城镇化示范区；长三角地区现代产业集聚区；长江经济带对外开放合作重要平台。①

（14）**福州新区**

国务院赋予福州新区的功能定位为：两岸交流合作重要承载区；扩大对外开放重要门户；东南沿海重要现代产业基地；改革创新示范区和生态文明先行区。②

（15）**云南滇中新区**

国务院赋予云南滇中新区的功能定位为：中国面向南亚东南亚辐射中心的重要支点；云南桥头堡建设重要经济增长极；西部地区新型城镇化综合试验区和改革创新先行区。

（16）**哈尔滨新区**

国务院赋予哈尔滨新区的功能定位为：中俄全面合作重要承载区；东北地区新的经济增长极；老工业基地转型发展示范区和特色国际文化旅游聚集区。③

（17）**长春新区**

国务院赋予长春新区的功能定位为：创新经济发展示范区；新一轮东北振兴的重要引擎；图们江区域合作开发的重要平台和体制机制改革先行区。④

（18）**江西赣江新区**

国务院赋予江西赣江新区的功能定位为：中部地区崛起和

---

① 《国务院关于同意设立南京江北新区的批复》（国函〔2015〕103号），http：//www. gov. cn/gongbao/content/2015/content_ 2897195. htm。

② 《国务院关于同意设立福州新区的批复》（国函〔2015〕137号），http：//www. gov. cn/gongbao/content/2015/content_ 2937322. htm。

③ 《国务院关于同意设立哈尔滨新区的批复》（国函〔2015〕217号），http：//www. gov. cn/zhengce/content/2015 – 12/22/content_ 10466. htm。

④ 《国务院关于同意设立长春新区的批复》（国函〔2016〕31号），http：//www. gov. cn/gongbao/content/2016/content_ 5045965. htm。

推动长江经济带发展的重要支点。①

（19）**河北雄安新区**

国务院赋予河北雄安新区的功能定位为：北京非首都功能疏解集中承载地与绿色生态宜居新城区、创新驱动发展引领区、协调发展示范区、开放发展先行区、创新发展示范区。②

2. **发展目标**

（1）**上海浦东新区**

上海浦东新区计划到2035年，“五个中心”核心功能全面升级，浦东发展能级和国际竞争力跃居世界前列，基本建成具有世界影响力的社会主义现代化国际大都市核心区，成为中国社会主义现代化建设引领区，向世界展现中国特色社会主义的强大生命力和旺盛活力。现代化经济体系全面构建，实体经济、科技创新、现代金融、人力资源协同发展的产业体系基本形成，供给体系质量和效率大幅提高，新发展理念全面彰显。现代化城区全面建成，城区风貌彰显时代特色，空间格局进一步优化，轨道交通成环成网，生态网络蓝绿交织。现代化治理全面实现，城市治理更加智慧，社会更加文明和谐，绿色健康的生产生活方式蔚然成风，人人有责、人人尽责、人人享有的社会治理格局更加健全。

（2）**天津滨海新区**

天津滨海新区计划充分发挥其比较优势，扩大对外开放程度，增强技术创新和产业创新能力，建设现代制造业和研发转化基地；提高面向区域的综合服务功能，提升城市综合实力、国际竞争力

---

① 《国家发展改革委关于印发江西赣江新区总体方案的通知》，http：//www. gov. cn/xinwen/2016 -07/04/content_ 5088089. htm。

② 《国务院关于河北雄安新区总体规划（2018—2035年）的批复》（国函〔2018〕159号），http：//www. gov. cn/zhengce/content/2019 -01/02/content_ 5354222. htm。

和综合辐射带动能力；充分发挥港口、保税和出口加工功能，建设北方国际航运中心和国际物流中心；充分发掘以近代史迹为主、多元化的文化资源和海、河、湿地等自然资源，形成特色鲜明的国际旅游目的地与服务基地；坚持以人为本，加强生态环境建设，创造和谐、优美、安全的生态宜居城区。

（3）重庆两江新区

重庆两江新区下一步的发展目标是，到2025年实现GDP翻3番，达到6400亿元，工业总产值10000亿元，常住人口规模500万人左右，两江新区将基本实现“再造一个重庆经济，再造一个重庆工业，再造一个重庆主城”的宏伟目标，成为功能现代、产业高端、总部集聚、生态宜居，具有国际影响力和中国内陆开放示范效应的新区。

（4）浙江舟山群岛新区

浙江舟山群岛新区的发展目标是逐步建成中国大宗商品储运中转加工交易中心、东部地区重要的海上开放门户、重要的现代海洋产业基地、海洋海岛综合保护开发示范区、陆海统筹发展先行区。①

（5）兰州新区

兰州新区的发展目标是紧抓“一带一路”、新时代西部大开发、黄河流域生态保护和高质量发展、兰西城市群建设战略机遇，全面贯彻落实国务院办公厅《关于支持国家级新区深化改革创新加快推动高质量发展的指导意见》精神，对标雄安新区和深圳特区，加快改革创新、产业聚集、开放崛起、城市治理，推动新区高质量快速发展，打造西部地区经济增长极。②

---

① 《舟山群岛新区总体规划》，http：//zszjj. zhoushan. gov. cn/col/col1562445/index. html。

② 《兰州新区概况》，http：//www. lzxq. gov. cn/system/2018/10/25/030000231. shtml。

（6）广州南沙新区

广州南沙新区的发展总目标是坚持科学开发、从容建设的理念，以深化与港澳全面合作为主线，以生态、宜居、可持续为导向，以改革、创新、合作为动力，把广州南沙新区建设成为空间布局合理、生态环境优美、基础设施完善、公共服务优质、具有国际影响力的深化粤港澳全面合作的国家级新区。

到 2025 年，南沙新区经济社会发展实现重大跨越，基础设施体系更趋完善，建成以先进生产性服务业为主导的产业高地和具有世界领先水平的科技创新中心，营商环境与国际和港澳全面接轨，民生福利水平和宜居环境质量进一步提高，国际竞争力和影响力显著提升，服务业增加值占 GDP 的比重达到 65%左右，研究与试验发展经费支出占 GDP 的比重达到 8%，研发人员、高级管理人才和高技能人才占总人口的比重不断提升，建设深化粤港澳全面合作的国家级新区，在促进港澳地区长期繁荣稳定中发挥更大作用，为全国改革发展提供经验和示范。①

（7）陕西西咸新区

陕西西咸新区总体目标是以高质量发展为指向，以战略性新兴产业和现代服务业为引领，按照“两年打基础，五年大发展”两步走战略，到 2025 年，形成以先进制造、电子信息、临空经济、科技研发、文化旅游、总部经济六大千亿级产业和都市农业为引领的“6 + 1”主导产业集群，大力发展自贸经济、平台经济、数字经济、头部经济四大特色经济，构建高端、高质、高新为特色的实体经济、科技创新、现代金融、人力资源四位协同的现代产业体系，将新区建设成为全球创新网络重要节点、国家高质量发展产业示范区、“三个经济”创新发展示范区、国家战略性新兴产业高地、传承中华文明的文化旅游产业

① 《广州南沙新区城市总体规划（2012—2025）》，http：//www.gzns.gov.cn/zwgk/ghjh/content/post_ 3870147.html。

高地和内陆地区产业开放合作高地。

（8）贵州贵安新区

贵州贵安新区的发展目标是建设成为对外开放引领区、产城融合创新区、城乡统筹先行区、生态文明示范区，充分发挥作为高端服务与创新发展试验基地、国家重要的战略新兴产业基地、国家重点科教基地、国际休闲度假和避暑养生基地、国家重要民族文化发展特色基地的重要职能。[①] 经过5—10年的建设，贵安新区将发展成为贵州省乃至西南地区跨越式发展的重要经济增长极，成为西南地区产业集聚，功能完善、服务配套，环境优美、安全宜居，特色鲜明、景象良好的组团式山水园林城市和全国最具特色的一流城市新区之一。

（9）青岛西海岸新区

青岛西海岸新区“十四五”时期的发展目标为聚力承接国家战略取得重大成果，经济高质量发展取得重大成效，深层次改革开放取得重大突破，新时代文化建设取得重大进展，高水平生态建设取得重大进步，高品质生活创造取得重大成就，高效能治理取得重大提升等，努力实现主要领域现代化进程率先走在全国前列，充分显现国内大循环的战略支点、国内国际双循环的枢纽作用，基本建成改革开放更深入、发展活力更充沛、创新能力更突出、产业结构更优化、要素流动更顺畅、生态环境更优美、社会保障更有力的新区。到2035年，青岛西海岸新区将全面建成开放、现代、活力、时尚的国际化新区，经济实现更高质量发展，国际竞争力、科技创新力显著增强，区域治理实现高效能，社会文明程度达到新高度，共同富裕取得更大实质性进展，新区人民生活更加美好，成为高质量发展引领区、

① 《贵安新区总体规划（2013—2030年）》，http：//www.gz007.net/info/gzlaw/gaxqztgh20132030.html。

改革开放新高地、城市建设新标杆、宜居幸福新典范。①

（10）**大连金普新区**

大连金普新区的发展目标是锚定“一地一极三区”国家使命，在大连“两先区”建设、“五个中心”能级提升中发挥重要作用。打好科创、产业、改革、开放“四张优势牌”，发展环境、公共服务、城市环境、治理水平、生活品质全方位提升，建设具有辐射带动作用的独立综合性节点城市取得重大进展。到2030年，建立起完善的新区管理体制，同东北亚区域构建起紧密的开放合作关系，自主创新能力达到国际先进水平，产业结构进一步优化，城镇化质量和水平显著提高，建成国际化、现代化、智慧化和生态化的新区。②

（11）**四川天府新区**

四川天府新区计划到2022年，公园城市形态初步形成，高质量发展制度体系基本建立，主要经济指标保持中高速增长，地区生产总值达到3500亿元，综合实力在国家级新区中提档升位，对西部地区高质量发展引领示范作用初步显现。到2035年，建成具有世界知名度的公园城市，地区生产总值突破1万亿元，综合实力进入国家级新区前列，成为新时代公园城市典范和国家级新区高质量发展样板。③

（12）**湖南湘江新区**

按照“三年出形象，五年成规模，十年树标杆”的要求，

---

① 《一图读懂西海岸新区国民经济和社会发展第十四个五年规划和2035年远景目标纲要》，http：//www. xihaian. gov. cn/zwgk/gknr/ghjh/ghjd/202112/t20211229_ 4159943. shtml。

② 《国家发改委7月23日发布〈大连金普新区总体方案〉》，http：//www. gov. cn/zhuanti/2014－08/21/content_ 2738015. htm。

③ 《四川省人民政府关于四川天府新区总体规划（2010—2030年）（2015年版）的批复》（川府函〔2015〕230号），http：//www. sc. gov. cn/10462/10464/10684/10694/2015/11/16/10358824. shtml。

湖南湘江新区发展的阶段性目标为：到 2025 年，新区地区生产总值年均增长 10% 左右、固定资产投资年均增长 18% 左右、高新技术产业增加值年均增长 18% 左右、城镇化率达 89% 左右、研发经费投入占国内生产总值的比重提高到 3.3%、科技进步贡献率达到 75%，承载能力全面形成，综合实力大幅提升，城乡统筹融合共进，现代产业体系日益健全，辐射带动作用显著增强，对外开放高地全面形成，创新驱动发展和全面深化改革格局全面形成，成为带动湖南省和长江中游地区经济社会发展的重要引擎、长江经济带建设重要支撑点、全国“两型”社会建设先行区，树立全国新型工业化和新型城镇化融合发展的标杆。①

（13）南京江北新区

南京江北新区计划到 2025 年，绿色发展战略取得重要进展，产业与人口、资源、环境协调发展水平显著提升。新区综合实力大幅提升，地区生产总值稳定增长，为推进长江经济带建设提供有力支撑。创新驱动发展取得明显成效，力争全社会研发经费支出占地区生产总值的比重达到国际先进水平。新型城镇化建设水平和质量稳步提升，常住人口城镇化率高于南京市平均水平，进一步提升社会服务水平，提高城市功能品质。布局合理、特色鲜明的现代产业体系基本形成，服务业增加值比重再提高 8 个百分点，战略性新兴产业产值年均增长达到 30% 以上，建成具有重要影响力的现代产业科技创新中心。城市枢纽功能得到优化、公共服务水平明显提升、区域辐射带动作用不断增强，初步建成长江经济带上环境优美、宜居宜业、具有较强国际影响力的现代化新区。②

① 《湖南湘江新区发展规划（2016—2025 年）》，http://fgw.hunan.gov.cn/xxgk_70899/ghjh/201605/t20160518_3059045.html。

② 《南京江北新区发展总体规划（摘录）》，http://njna.nanjing.gov.cn/zjxq/fzgh/。

（14）福州新区

福州新区计划到2030年，开发开放实现重大跨越，形成海峡两岸交流合作主体区，综合实力和国际竞争力、影响力显著提升，基本建成经济发达、社会和谐、生态优美的现代化新城区，成为带动区域发展的重要引擎。新区主要经济指标平衡协调并高于全市平均水平，其中，初期规划面积800平方千米范围内，地区生产总值超4300亿元，常住人口达到220万人，城镇化率达80%。规划控制总面积1892平方千米范围内，地区生产总值超10000亿元；常住人口达到470万人，城镇化率达80%。服务业增加值占GDP比重进一步增大。建成现代制造业体系，高新技术产业占新区工业总产值显著提升。全面建成新区生态景观系统，形成生态新区绿色本底，呈现“水清、山秀、景美”的生态和谐格局。

（15）云南滇中新区

云南滇中新区计划到2030年，新区建设实现重大跨越，科技创新引领能力和产业竞争力明显增强，对外开放合作进一步深化，综合实力显著提升，建成城乡统筹发展、产城紧密融合、生态环境优美、人民生活幸福的高原生态宜居城市，成为带动云南发展的重要增长极和中国面向南亚东南亚辐射中心的重要支点。①

（16）哈尔滨新区

哈尔滨新区是中国唯一以对俄合作为主题的国家级新区和最北部的国家级新区，更是推进“一带一路”建设的支点。按照“高能级开放、高质量发展、高品质生活”的发展思路，哈尔滨新区的发展目标是形成“四中心一高地”的核心功能定位：在哈尔滨新区形成以对俄全面合作为基石的科创中心、金融中

① 《国家发展改革委关于印发云南滇中新区总体方案的通知》（发改地区〔2015〕2170号），http://www.gov.cn/xinwen/2015-09/29/content_2940769.htm。

心，面向东北亚的商贸会展中心，特色国际文旅中心和新兴产业集聚高地。以产业繁荣及优质公共服务供给引导人口集聚，壮大城市规模，规划远期2035年，规划新区城镇人口达到220万人。统筹新区空间发展，促进土地逐步集约利用，规划远期2035年，城镇建设用地控制在280平方千米，人均城镇建设用地控制在130平方米以内。①

（17）长春新区

长春新区在发展目标方面，共设计了创新繁荣、开放包容、公平幸福、生态智慧四大方面60余项发展指标。力争到2030年，新区的综合实力实现新跨越，改革创新和开放合作取得丰硕成果，创新型现代产业体系日臻完善，腹地支撑能力显著增强，对外开发开放新格局基本形成，国际化绿色智慧新城区将全面建成。②

（18）江西赣江新区

江西赣江新区将紧紧围绕江西省委十四届七次全会提出的“打造江西改革创新的强大引擎和对外开放的靓丽窗口”的目标定位，以融合协作、创新驱动为主线，进一步吸引聚集高端经济要素，努力在改革创新、产业发展、开放提升、生态文明建设等方面走在全省前列，成为江西创新的引领区、开放的先行区、改革的试验区、合作的示范区、发展的重要增长极，为江西其他地区高质量跨越式发展提供可借鉴、可推广的“赣江经验”。

到2030年，江西赣江新区发展要实现重大跨越，综合实力和产业竞争力大幅增强，新型城镇化水平和质量显著提升，现代产业体系更加完备，体制机制充满活力，生态环境进一步改

① 《哈尔滨新区总体规划（2018—2035年）》，http：//www. harbin. gov. cn/art/2019/11/27/art_ 21349_ 816949. html。

② 《〈长春新区发展总体规划（2016—2030）〉新闻发布会》，http：//www. jlio. gov. cn/index. php/xwfb/szfxwfbh/3052 －2016 －2030. html。

善，成为促进中部地区崛起和推动长江经济带发展的重要支点。①

（19）河北雄安新区

河北雄安新区计划到2035年，基本建成绿色低碳、信息智能、宜居宜业、具有较强竞争力和影响力、人与自然和谐共生的高水平社会主义现代化城市。城市功能趋于完善，交通网络便捷高效，现代化基础设施系统完备，高端高新产业引领发展，优质公共服务体系基本形成，白洋淀生态环境根本改善。有效承接北京非首都功能，对外开放水平和国际影响力不断提高，实现城市治理能力和社会管理现代化，“雄安质量”引领全国高质量发展作用明显，成为现代化经济体系的新引擎。

到21世纪中叶，全面建成高质量高水平的社会主义现代化城市，成为京津冀世界级城市群的重要一极。集中承接北京非首都功能成效显著，为解决“大城市病”问题提供中国方案。新区各项经济社会发展指标达到国际领先水平，治理体系和治理能力实现现代化，成为新时代高质量发展的全国样板。彰显中国特色社会主义制度优越性，努力建设人类发展史上的典范城市，为实现中华民族伟大复兴贡献力量。②

（四）国家级新区行政管理体制分析

1. 国家级新区行政管理机构

国家级新区是中国深化改革开放的试验田，其管理体制和运行机制有别于一般的行政区划。自古以来，中国就是一个中央集权制国家，为了实现中央对地方的统治，发明了一套按

① 《国务院批复赣江新区总体方案》，https：//jxrd. jxnews. com. cn/system/2016/07/05/015021292. shtml。

② 《河北雄安新区规划纲要》，http：//www. xiongan. gov. cn/2018 -04/21/c_ 129855813_ 2. htm。

“金字塔形”划分地域的方法，使得国家每一寸土地都能在这个“金字塔”中找到自己的位置，并做到每一层都受到上一级的控制。为了保持“金字塔”的稳定，历朝历代都十分注意行政管理的属地原则，行政执法绝不可跨越所辖地域的边界，否则会视为违法。而国家级新区从某种意义上讲就是要突破这千百年来形成的传统，形成一个全新的跨界的地理区划，因此，国家级新区是一种职能有限，“在行政和财政上独立于其他地方政府”的地方政府类型。用中国行政区划理论的语言也可以把它称为是一种特殊的行政建制单位。国家级新区的行政管理机构一般为新区人民政府或新区管理委员会（新区开发建设管理委员会），各新区的行政管理机构见表2－3。

表2－3　**国家级新区行政管理机构**

新区名称	行政管理机构
上海浦东新区	上海市浦东新区人民政府
天津滨海新区	天津市滨海新区人民政府
重庆两江新区	重庆市两江新区管理委员会
浙江舟山群岛新区	舟山市人民政府
兰州新区	兰州新区管理委员会
广州南沙新区	广州市南沙区人民政府
陕西西咸新区	陕西省西咸新区开发建设管理委员会
贵州贵安新区	贵安新区管理委员会
青岛西海岸新区	青岛市黄岛区人民政府
大连金普新区	大连金普新区管理委员会
四川天府新区	四川天府新区管理委员会
湖南湘江新区	湖南湘江新区管理委员会
南京江北新区	南京市江北新区管理委员会
福州新区	福州新区管理委员会
云南滇中新区	云南滇中新区管理委员会

续表

新区名称	行政管理机构
哈尔滨新区	哈尔滨市松北区人民政府
长春新区	长春新区管理委员会
江西赣江新区	赣江新区管理委员会
河北雄安新区	河北雄安新区管理委员会

资料来源：各新区官网。

2. 国家级新区行政管理体制类型

行政管理体制是一种由行政管理机构、管理权限、管理制度、管理工作、管理人员等有机构成的管理系统，其核心在于各级行政机构的权力和职责的划分。中国的行政区划始自秦代，行政区划一开始就是统治阶级实现其统治的手段。因此，地方政府首先是一个政治组织，是权力组织的一部分。从这个意义上看，没有权力机关也就构不成一级政府。所以，判断一个行政组织是否构成一级政府的一个基本标准就是是否有相应的权力组织——人民代表大会。凡是没有对应一级人大的政府组织（如地区专区公署），只能算是政府的派出机构或者派出机关，没有资格称为政府。[①] 按照这一逻辑，可以将现有的 19 个国家级新区的行政管理体制分为三类：政府型、政区合一型和管理委员会型（见表 2－4）。

（1）政府型

政府型的新区行政管理机构和传统的行政区管理架构没有什么区别，它包含完整的建制政府及其下属机构，[②] 统一管辖新区经济建设和社会公共事务。这类国家级新区行政管理体制的

① 汪同三主编：《粤桂合作特别试验区体制机制改革创新研究》，中国社会科学出版社 2018 年版。

② 郝寿义、曹清峰：《论国家级新区》，《贵州社会科学》2016 年第 2 期。

特点是新区法律主体地位明确，权威性高，政府机构健全，拥有完整的行政管理权限。

（2）政区合一型

政区合一型的国家级新区行政管理体制即新区规划范围与所在行政区范围重合，新区成立管理委员会，同时保留原行政区，新区管理委员会与所在行政区政府实行“一套人马，两块牌子”合署办公。这类国家级新区行政管理体制效率相对较高，产业和社会发展融合相对较好，但由于新区管理委员会权威性较差，其统筹和协调能力较弱。①

（3）管理委员会型

管理委员会型国家级新区行政管理体制的特点是，新区管理委员会作为地方政府的派出机构，代表地方政府开展新区内开发建设任务和行政管理权限。这类国家级新区行政管理体制行政效率高，机构设置灵活，人员精干，但难以有效统筹经济社会发展和管理职能，新区下辖的行政区和功能区之间的协调难度较大。

表 2－4　**三种不同类型的国家级新区行政管理体制**

类型	政府型	政区合一型	管理委员会型
管理机构	一级行政区，设区委、政府、人大、政协	新区规划范围均与所在行政区范围重合，区管理委员会与所在行政区政府实行“一套人马，两块牌子”合署办公	地方政府派出机构，成立新区管理委员会

资料来源：西咸新区研究院编《国家级新区体制与政策比较研究》，中国社会科学出版社 2017 年版。

① 薄文广、殷广卫：《国家级新区发展困境分析与可持续发展思考》，《南京社会科学》2017 年第 11 期。

3. 各国家级新区实行的行政管理体制比较

目前，选择实行政府型行政管理体制的国家级新区有 2 个：上海浦东新区和天津滨海新区；选择实行政区合一型的国家级新区有 4 个：浙江舟山群岛新区、广州南沙新区、青岛西海岸新区和大连金普新区；选择实行管理委员会型的国家级新区有 13 个：重庆两江新区、兰州新区、陕西西咸新区、贵州贵安新区、四川天府新区、湖南湘江新区、南京江北新区、福州新区、云南滇中新区、哈尔滨新区、长春新区、江西赣江新区、河北雄安新区（见表 2 －5）。下述选取这三种类型行政管理体制的各两个国家级新区进行比较说明。

表 2 －5　　国家级新区行政管理体制选择类型

类型	政府型（2 个）	政区合一型（4 个）	管理委员会型（13 个）
新区	上海浦东新区、天津滨海新区	浙江舟山群岛新区、广州南沙新区、青岛西海岸新区、大连金普新区	重庆两江新区、兰州新区、陕西西咸新区、贵州贵安新区、四川天府新区、湖南湘江新区、南京江北新区、福州新区、云南滇中新区、哈尔滨新区、长春新区、江西赣江新区、河北雄安新区

资料来源：笔者整理。

（1）上海浦东新区

上海浦东新区先后实行过 3 种模式的行政管理机构：开发办（1990—1992 年）、管理委员会（1993—2000 年）、新区政府（2000 年至今）。

1990 年，党中央、国务院宣布开发开放上海浦东，在浦东实行经济技术开发区和某些经济特区的政策；同年 4 月，上海市成立浦东开发领导小组，下设浦东开发办公室。1993 年 1 月，中共上海市浦东新区工作委员会、上海市浦东新区管理委员会正式挂牌成立，中共上海市浦东新区工作委员会是中共上海市委的派出机构，上海市浦东新区管理委员会是上海市人民政府的派出机构。2000 年 6 月，上海市委宣布成立浦东新区区委；同年 8 月，浦东新区召开人大一届一次会议和政协一届一次会议，正式设立浦东新区人大、政府、政协，浦东新区成为区级政府，同时，撤销中共上海市浦东新区工作委员会、上海市浦东新区管理委员会。

上海浦东新区现行管理体制是一级政府体制，设有区委、区政府、区人大、区政协四套班子。其中，区委书记是上海市委常委，区政府、区人大、区政协正职均为正局级，副职为正局级或副局级。区委机关和区政府内设职能部门均为副局级。

（2）天津滨海新区

天津滨海新区先后实行过 3 种模式的行政管理机构：领导小组办公室（1994—2000 年）、管理委员会（2000—2009 年）、新区政府（2010 年至今）。

1994 年，天津市设立滨海新区领导小组，并于 1995 年成立滨海新区领导小组专职办公室，领导小组专职办公室为天津市政府办公厅下设机构。2000 年，天津市成立滨海新区党工委、滨海新区管理委员会，其中滨海新区党工委是中共天津市委的派出机构，滨海新区管理委员会是天津市政府的派出机构，撤销滨海新区领导小组和办公室。2010 年 1 月，国务院批复同意天津市调整滨海新区行政区划，建立滨海新区行政区，成立一级政府，统筹负责新区的各项经济社会事务和行使管理职能。

天津滨海新区现行管理体制是一级政府体制，设有区委、区政府、区人大、区政协四套班子。其中，区委书记是天津市委常委，区长为天津市副市长，区人大、区政协正职均为正局级，区委、区政府副职为正局级，区人大、区政协副职为副局级。

（3）浙江舟山群岛新区

2011 年 6 月，国务院批准设立舟山新区，新区范围与舟山市行政区域一致。2013 年 1 月，国务院批复《浙江舟山群岛新区发展规划》，赋予舟山群岛新区省级经济社会管理权限。2013 年成立浙江舟山群岛新区党工委、浙江舟山群岛新区管理委员会。

浙江舟山群岛新区现行管理体制是政区合一的体制。新区党工委是中共浙江省党委的派出机构，新区管理委员会是浙江省政府派出机构，与舟山市委、市政府合署办公。

（4）广州南沙新区

2005 年 4 月，国务院批准同意广州市行政区划调整，设立广州市南沙区，南沙区成为独立行政区，同年 9 月南沙区政府成立。2012 年 9 月，国务院正式批复《广州南沙新区发展规划》，南沙区成为国家级新区。2014 年 8 月，广东省颁布《广州南沙新区发展规划》，授权南沙新区管理机构行使市一级管理权限。2015 年 4 月，广东省政府出台《关于支持广州南沙新区加快开发区建设的若干意见》，授予南沙新区部分省级管理权限。

广州南沙新区现行管理体制是政区合一的体制。广州市成立以市委书记为组长的南沙新区开发建设工作领导小组，协调解决新区开发建设的重大问题。

（5）重庆两江新区

2010 年 5 月，国务院批复同意设立重庆两江新区；同年 8 月，重庆市设立重庆两江新区党工委、重庆两江新区管理委员会，重庆两江新区党工委是中共重庆市委的派出机构，重庆两江新区管理委员会是重庆市政府的派出机构。2012 年 11 月，重庆市政府通过了《关于向两江新区下放市级行政审批等管理事项和权限的决定》，向重庆两江新区下放行政审批管理事项和权限 283 项。

重庆两江新区现行管理体制是管理委员会的体制。重庆市政府成立了以市长为组长的两江新区开发建设领导小组，负责研究、协调、决定两江新区开发建设的重大事项，领导小组办公室设在重庆两江新区管理委员会。

（6）兰州新区

2010 年 12 月，甘肃省机构编制委员会下发《关于兰州新区主要职责内设机构人员编制的通知》，宣布设立中国兰州新区工作委员会、兰州新区管理委员会，正厅级建制，赋予市一级的行政管理权限。随后，甘肃省政府成立了建设协调领导小组，由省政府主要领导任组长。2012 年 8 月，国务院印发《国务院关于同意设立兰州新区的批复》，兰州新区正式成为国家级新区。

兰州新区现行管理体制是管理委员会的体制。甘肃省政府成立由省长任组长的兰州新区规划建设协调推进领导小组，负责新区开发建设的重要工作和重要事项的指导、统筹协调和落实。甘肃省批准兰州市设立中共兰州新区党工委、兰州新区管理委员会，中共兰州新区党工委是中共甘肃省党委的派出机构，兰州新区管理委员会是甘肃省政府的派出机构。兰州新区管理委员会正厅级建制，享有市级管理权限。

三　国家级新区发展的成就、困境与对策

（一）国家级新区发展取得的成就

1. 设置合理，批复有序

截至 2018 年年末，共批复设立国家级新区 19 个，规划面积 22482.41 平方千米。现有的 19 个国家级新区分布于中国东部地区（8 个）、中部地区（2 个）、西部地区（6 个）和东北地区（3 个）4 大区域的 19 个省（直辖市）；国家级新区主体城市为沿海城市 7 个，内陆城市 12 个。19 个国家级新区均位于"一带一路"、京津冀协同发展与长江经济带的关键节点上，国家级新区的批复设立有序合理。

2. 人口聚集效应明显，人口数量持续增长

从可获得的 11 个国家级新区人口的统计资料看，其中 10 个国家级新区 2018 年的常住人口或户籍人口数高于 2017 年，新区人口数量持续增长。其中，增速最快的是贵州贵安新区，常住人口 35.91 万人，比 2017 年增加 20.72 万人，增长 136.45%。其次是哈尔滨新区和大连金普新区，常住人口均达到了两位数增速，分别为 13.89% 和 13.11%。仅有天津滨海新区常住人口数比 2017 年略有下降，减少了 0.08 万人。已知常住人口数超过 100 万人的国家级新区有上海浦东新区、天津滨海新区、青岛西

海岸新区、湖南湘江新区、浙江舟山群岛新区和陕西西咸新区6个国家级新区。总体而言，国家级新区都保持着不同程度的人口增长。

3. 经济实力不断增强，总体发展健康平稳

2018年，除雄安新区外的18个国家级新区共实现地区生产总值约4.25万亿元，占全国经济的比重约为4.72%。上海浦东新区和天津滨海新区经济总量分别占上海市和天津市的比重为32.0%和58.76%，在区域经济中显示了较强的支撑引领作用。2012—2015年设立的国家级新区初显成效，增速喜人，其中兰州新区、陕西西咸新区、南京江北新区、云南滇中新区、贵州贵安新区和四川天府新区地区生产总值达到两位数增长，增速分别为15.0%、13.3%、13.1%、13.1%、12.9%和12.1%。

4. 积极融入“一带一路”建设，对外开放稳步提升

尽管中美经贸摩擦对国家级新区的进出口带来了一定的冲击，但新区通过融入“一带一路”建设，加强与“一带一路”沿线国家的贸易合作，较好地对冲了中美经贸摩擦对进出口的影响。2018年，绝大多数国家级新区进出口总额仍保持了正增长。其中，上海浦东新区进出口总额突破2万亿元，天津滨海新区进出口总额达5821亿元，广州南沙新区超过2000亿元。

外资利用规模稳中有升。从可获得外资利用数据的8个国家级新区看，其中上海浦东新区、天津滨海新区、浙江舟山群岛新区、陕西西咸新区、青岛西海岸新区、南京江北新区、哈尔滨新区7个国家级新区实际利用外资额比2017年有所增加。

5. 经济聚集作用明显，财政实力日益壮大

除重庆两江新区、四川天府新区、福州新区、河北雄安新

区一般公共预算收入数据不详外，其余15个国家级新区2018年共实现一般公共预算收入2725.91亿元，其中上海浦东新区一般公共预算收入突破千亿元，浙江舟山群岛新区、兰州新区、陕西西咸新区、贵州贵安新区、南京江北新区、江西赣江新区等多个国家级新区一般公共预算收入均保持了两位数增速。

6. 投资依赖度有所下降，投资质量不断提升

2018年，国家级新区完成全社会固定资产投资约2万亿元，占全国固定资产投资总额的比重约3.10%。在11个可获取固定资产投资数据的国家级新区中，上海浦东新区、浙江舟山群岛新区、广州南沙新区、陕西西咸新区、青岛西海岸新区、四川天府新区、湖南湘江新区、哈尔滨新区的投资率（全社会固定资产投资额/GDP）均比2017年有不同程度的下降，表明这些国家级新区对投资的依赖度有所下降。

从投资的去向看，投资质量不断提升。天津滨海新区信息传输、软件和信息技术服务业投资增长83.8%；浙江舟山群岛新区高新技术产业投资增长95.2%，生态环保和环境治理业投资增长6.5%；房地产开发投资比2017年下降10.5%；兰州新区基础设施投资比重比2017年下降4.11个百分点；南京江北新区完成工业投资149.1亿元，增长18.5%，其中工业技改投资113.4亿元，增长43.8%。

7. 科技创新资源不断集聚，高技术成果承载能力显著增强

国家级新区凭借高水平的开放、产业集群和相对完整的产业链等多方面的优势，有效集聚科技创新资源，创新主体集聚总量显著提升。以最具代表性的上海浦东新区为例，建成了一批综合性强、跨领域的大科学设施，包括上海光源、国家蛋白质科学中心、上海超级计算中心等；汇聚了中科院上海药物所、中科院上海高等研究院等4家中科院体系研究院所，中国极地研究中心等2家部属科研院所，中国商飞上海飞机设计研究院等3家央企科研院所，上海南方模式生物研究中心、上海人类基因组研究中心等5家上海科学院直属单位；经上海市认定的专业技术服务平台57个，占全市专业技术服务平台的27.67%，涉及生物医药、软件、集成电路等领域；经认定的高新技术企业共2247家，连续多年保持全市第一，占全市高新技术企业总量的24.3%。

（二）国家级新区发展面临的困境

1. 管理体制不健全，新区运行效能受阻

国家级新区虽然由国务院批准设立，但国务院的批复文件中没有对新区相关管理职权作出明确规定。目前，大部分国家级新区采用的是新区管理委员会（下文简称“新区管委会”）的管理体制，① 由于新区管委会没有对应的一级人民代表大会的权力组织，其行政性质和权力在现行法律法规中缺乏合法的依据，因此，新区管委会并不天然具有政府的行政管理权限，新区管委会只是作为省级政府的派出机构享有在国家级新区内行使开发建设的管理权限，其权力运行主要依据各省（直辖市、自治区）针对新区出台的规范性文件和上级政府的委托。但无论是地方性的规范性文件还是上级政府的委托，对新区管委会职责的规定都较为笼统。因此，在国家级新区开发建设、土地财政、城市尤其是社会事务的行政管理方面，新区管委会与国家级新区所在政府的衔接不够顺

① 当前只有上海浦东新区、天津滨海新区为一级行政区的政府型行政管理模式，浙江舟山群岛新区等4个国家级新区为政区合一型行政管理模式。

畅，进而影响新区开发建设的效率。

国家级新区的规划面积广，国家级新区范围内往往涉及国家级经济技术开发区、国家高新技术产业开发区等其他类型的国家级功能区。新区管委会由于缺乏明确的法律主体地位，对这些功能区缺乏管辖权或权责有限，难以有效协调这些功能区之间的利益，国家级新区复杂事务的处理更多是依赖上级政府的协调，资源得不到整合优化，影响了其整体性发展。此外，新区管委会、园区管委会、新区开发投资公司与乡镇之间也存在职责不清、权责交叉与冲突的问题。国家级新区内管理机构职能重叠造成了行政资源的浪费，加大了管理协调的难度，降低了行政效率，严重影响了运行效能，导致国家级新区内企业面临“多头管理”的问题。

2. 国家级新区同质竞争严重，缺乏自身功能特色

相比一般的经济技术开发区、高新技术产业开发区等功能区，国务院给予国家级新区更为优惠的特殊政策，让国家级新区在土地、税收、重大项目审批和平台建设等方面获得更多的经济管理权限。国家级新区的设立也意味着城市招商引资平台的升级，因此各地争先申报国家级新区这顶红利“帽子”来获得更强的招商引资能力和更大的政策支持力度，但这也加剧了国家级新区之间的同质竞争，削弱了其要素集聚效应和区域辐射功能。从国家级新区数量的变化看，自 2010 年重庆两江新区设立至 2017 年河北雄安新区设立，国家级新区数量增长迅猛，由 3 个增长至 19 个。从国家对新区支持力度的变量看，国家对早期设立的上海浦东新区和天津滨海新区的定位是培育新的经济增长极，并且通过在这两个国家级新区布局国家重点产业项目予以自上而下的扶持，但 2010 年之后对国家级新区的支持力度明显减弱，原先“量体裁衣”的特惠政策逐渐转向“地方规划、国家审批”的普惠政策。然而，部分国家级新区仍靠土地财政和投资拉动，没有主动用好、用足“先行先试”这个优惠政策，没能真正探索出一条服务于国家重大发展战略又兼具地域特色的发展道路，甚至是坐等国家的特惠政策、产业扶持和资金资助。

3. 产城融合发展不足，职住分离严重

大部分国家级新区不同程度地存在产业功能和城市功能相分离的问题，或是只偏重于产业园区的建设而忽略了公共服务的有效供给，或是只偏重于土地的城市化而忽略了产业的协调发展，加之国家级新区普遍远离主城区，这就导致了职住分离的弊端。部分国家级新区过分依赖土地收入，大搞房地产开发，虽然在前期可以带来爆发性的经济增长，但由于缺乏产业支撑，后期增长乏力，尤其是吸引了一批不在本地就业的外来投资购房人口，导致入住率低国家级新区成了有城无产的“鬼城”。根据 2018 年可获得的国家级新区人口规模数据，常住人口数超过 100 万人的国家级新区仅有 6 个，大部分国家级新区的常住人口规模仅为几十万人。从常住人口密度看，大部分国家级新区常住人口密度低于每平方千米 1000 人，人口发展规模远低于国家级新区规划的人口规模。国家级新区常住人口偏低造成已建成基础设施的浪费和低效利用，不利于交通、水电、通信网络等基础设施的进一步完善，更制约了国家级新区教育、医疗、商业、餐饮和娱乐等生活性服务业的发展。生活性服务业发展的滞后反过来也制约了人口的聚集，不利于国家级新区消费的持续扩大与升级，陷入了产城分离的恶性循环。

4. 产业关联性弱，产业竞争力不强

部分国家级新区产业基础相对较差，招商引资脱离了国家级新区的产业发展定位和区域资源优势，没有明确的招商项目

和招商对象，招到一个算一个，这种“捡到篮子都是菜”的招商模式造成国家级新区的产业布局“小而散”，企业间的产业关联度低，难以形成全产业链竞争能力。由于国家级新区内的企业之间没有明确的产业分工，相互之间只有低层次的合作甚至没有合作，缺乏相互促进、协同发展的创新机制，无法形成具有区域竞争优势的主导产业。近年来，在国家加快产业升级和推动新旧动能转换的转型发展大背景下，一些国家级新区在思想上存在认识偏差，简单地将摒弃劳动密集型和高能耗的产业等同于改造旧动能，将建几个新兴产业项目和培育新兴产业等同于打造新动能，由此造成原有的传统优势产业得不到技术升级而日渐萎缩，新动能短期内又未能培育壮大。有的国家级新区在发展新兴产业上盲目追求“多干快上”，但由于存在明显的技术短板或产业配套体系不完备，即使引进了高端的新兴产业落户，也无法参与产业链的高端技术环节，只能承担来料加工或零部件组装的中低端生产环节，最终在新兴产业上重蹈了低端锁定的覆辙。

5. 部分国家级新区建设缺乏科学规划，土地集约利用程度不高

国家级新区规划面积广，动辄数百上千平方千米，并且在建设用地上得到国家和所在省（直辖市）的政策倾斜，建设面积指标争取相对容易，因此在国家级新区建设初期普遍存在土地使用不够集约的问题。部分国家级新区尽管在初期做了较为合理的整体规划，但后期却开发无序。一些国家级新区为了招商，不惜放低土地供应的标准，甚至将土地作为零成本的资源参与市场要素分配。① 一些国家级新区的建设项目在未依法审批

① 魏澄荣：《国家级新区用地困境及破解路径——以福州新区为例》，《福建论坛》（人文社会科学版）2019 年第 12 期。

的情况下就先行建设，引发“强拆”等问题；一些国家级新区建设面积远远超过上级行政管理部门的审批面积；甚至一些国家级新区违法占用耕地，触碰耕地保护红线。国家级新区普遍把争取用地指标配额作为缓解土地压力的唯一途径，忽略了通过实施低效用地的二次开发盘活存量土地、优化土地使用结构和提高土地综合利用效率的内涵式土地集约利用来破解其用地困境。

6. 国家级新区发展动能减弱，辐射带动作用不明显

国家设立国家级新区的重要目的之一是通过新区的快速发展带动周边城市和区域经济的发展，进而为国家区域经济发展战略提供支撑，但从实际情况看，目前只有上海浦东新区在长三角经济带中发挥了显著的辐射带动作用，其他大部分国家级新区对周边城市的辐射带动作用并不明显。从经济总量看，只有上海浦东新区的 GDP 一枝独秀超过万亿元，其次是天津滨海新区的 GDP 为 7808 亿元，其余国家级新区的 GDP 均不足 4000 亿元，还有 8 个国家级新区的 GDP 低于 1000 亿元。这 8 个国家级新区除了新设立的河北雄安新区外，基本上都位于西部地区和东北地区。从经济增速看，近年来国家级新区的经济增速下降较为明显，2019 年只有兰州新区、南京江北新区、陕西西咸新区和广州南沙新区 4 个国家级新区的 GDP 增速超过 10%，其余 15 个国家级新区的 GDP 均只有个位数的增速。其中，贵州贵安新区、长春新区、河北雄安新区、天津滨海新区、青岛西海岸新区、重庆两江新区和大连金普新区的 GDP 增速均低于 7%，甚至不足 5%。从财政收支状况看，绝大部分国家级新区一般公共预算支出高于一般公共预算收入，国家级新区一般公共预算收支缺口呈扩大趋势，自有财力不足，过度依赖转移支付。总之，国家级新区自身发展动能不足制约了其对周边城市的辐射带动效应。

（三）国家级新区高质量发展的对策

新发展格局下实现国家级新区高质量发展需要摒弃投资拉动和要素驱动的粗放式增长发展路径，坚持将“创新、协调、绿色、开放、共享”的新发展理念贯穿于国家级新区改革与发展的具体路径，把国家级新区建设深度融入“双循环”新发展格局中。一是以新发展理念引领国家级新区体制机制改革，创新管理模式，破解国家级新区管理碎片化难题，消除要素流动的制度性障碍，促进要素的高效聚集，提升国家级新区的行政效率和运行效能。二是将新发展理念融入国家级新区产业布局，强化国家级新区协同联动，形成“一盘棋”合力服务国家重大战略，进一步发挥国家级新区引领区域协调发展的作用。三是将新发展理念融入国家级新区开发建设，坚持“一张蓝图绘到底”，坚持高起点规划、高标准建设、高水平开放，优化新区城市功能和品质，提升产城融合发展水平，扎实推动新区高质量发展。有鉴于此，在新的发展阶段国家级新区实现高质量发展的对策主要包括以下几个方面。

1. 完善国家级新区管理体制，理顺利益协调机制

（1）推进扁平化管理体制。国家级新区应当加快建立精简、高效、统一的管理体制和运行机制，各省份要根据国家级新区自身的实际情况按程序开展行政区划调整，通过整合县区、乡镇、街道、社区为若干片区，建立“新区管委会—片区（或功能区）”的两级扁平化管理体制。同时，要科学设置新区管委会的内设职能部门，规范权力运行机制，促进管理职能下沉，减少办事流程，理顺新区管理体制机制。

（2）创新国家级新区内部协调机制。国家级新区内的经济

技术开发区、高新产业技术开发区普遍早于国家级新区的设立，由于外资企业和高新技术企业具有不同的特点和发展规律，国家本着差异化的政策设计分别设立了经济技术开发区和高新产业技术开发区，前者主要承担迅速做大经济总量的任务，后者主要承担发展新兴产业的任务。但随着中国经济转型以及保税区、自由贸易试验区等开放功能区日益增多，经济技术开发区、高新产业技术开发区面临要素成本上升、土地等资源约束和中美经贸摩擦波澜不断的内外部新挑战，国家发改委、商务部等相关部门应加快酝酿、出台有关支持国家级新区整合其内部功能区的指导意见，探索国家级新区内部不同功能区的整合优化，促进功能区的融合发展。同时，各国家级新区要主动用好用足中央赋予的"先行先试"政策，不能"守着政策要政策"，积极探索建立科学有效的内部协调机制，按照"统一领导、统一规划、共建共享"的原则，统筹做好国家级新区内各功能区（经济技术开发区、高新产业技术开发区、自由贸易试验区）的一体化发展工作。

2. 健全协同合作机制，激活全国国家级新区"一盘棋"

（1）加强中央对国家级新区的统筹指导。一是处理好个体与全局的关系，抓好地域统筹。当前，国家级新区的区域发展还很不平衡，中西部地区的国家级新区数量与中西部地区的地域面积还很不匹配，国家级新区之间的发展规模和发展质量也存在明显差异，对各国家级新区要统筹兼顾与分类指导相结合，分区施策。二是区分不同国家级新区所处发展阶段的矛盾特征，抓好资源统筹。由于各国家级新区设立时间和发展阶段存在较大差异，各国家级新区当前面临的主要矛盾也各异，应根据各国家级新区当前的发展阶段和困难，统筹重点资源在国家级新区之间的合理配置。三是处理好服务与监管的关系，抓好管理统筹。应定期召开国家级新区建设相关部门联席会议，指导国家级新区开展重大改革试点和体制机制创新，协助国家级新区解决在开发建设过程中遇到的困难和问题。同时，也要加快建立健全新区的现代统计制度和统计平台建设，加强对国家级新区发展的动态监测与科学评估。此外，还要建立责任追究机制，防范国家级新区决策者“拍脑袋”所致的重大决策错误风险。

（2）坚持科学定位与错位发展。国家级新区是承担国家重大发展和改革开放战略任务的综合功能区，各国家级新区设立的时代背景各不相同，但它们都在国家重大战略中被赋予了特殊的使命。如上海浦东新区、天津滨海新区的设立是作为经济特区取得成功后打造的第二个、第三个经济增长极；重庆两江新区的设立是为了打造统筹城乡综合配套改革试验先行区；浙江舟山群岛新区的设立体现了落实国家海洋发展战略的需求；兰州新区的设立是为了建设西部承接东部产业转移的示范区和打造西北地区的经济增长极；河北雄安新区的设立则是深入推进京津冀协同发展、有序疏解北京非首都功能所做的重大决策部署。各新区要坚持将自身的发展融入国家战略中，紧扣战略定位，立足资源禀赋，找准区位特色，发挥比较优势，与其他国家级新区形成错位发展，促进国家级新区间的优势互补与良性互动。

（3）建立多元“飞地经济”合作机制。国家级新区要打破行政藩篱的限制，探索多种形式的跨区域合作模式，加快形成全方位开放格局，提升开放合作层次，加强区域联动发展。通过“借鸡生蛋”“借笼养鸡”“腾笼换鸟”推动实现项目引进和产业转移升级，实现土地、技术、管理等资源的互补共享。积极探索东西部地区国家级新区的合作共建、总部基地、委托招商园区等多元化的飞地模式，避免国家级新区之间的重复招商和同质化竞争。同时，还要积极探索“飞地经济”中成本分担、利益共享、风险共担的协调机制，厘清项目“飞出地”“飞入地”双方的权责范围，创新飞地绩效考评机制。此外，国家级新区还应完善自然资源资产有偿使用制度，建立统一的自然资源资产区域交易平台。

3. 坚持以实体为本，推动制造业高质量发展

（1）加快主导产业聚集升级。国家级新区要科学规划适合新区功能定位的主导产业，严格围绕规划精准招商。聚焦主导产业和传统优势产业，培养和引进一批具有全球竞争力的龙头企业，奠定国家级新区产业聚集的核心。通过对龙头企业上下游产业的延伸配套，“由点连线”形成新区产业链。针对产业链关键环节和突出短板，集中优势资源进行强链补链固链，强健国家级新区产业链筋骨。同时，应围绕国家战略需要，在5G建设、大数据中心、人工智能、工业互联网等新基建领域，形成以重大项目实施引领传统产业升级和高科技产业集聚。加快优势产业数字化、网络化、智能化改造，促进产业升级。通过把产业链条化与企业集群化有机结合起来，“由线带面”构建合纵连横的国家级新区产业链群，实现以实体为本、制造为根的国家级新区产业高质量发展目标。

（2）落实负面清单制度。国家级新区要在国家发展改革委、商务部联合发布的《市场准入负面清单》基础上，根据区域发展的需要和国家级新区的发展战略制定或调整各自的市场准入负面清单，再由所在省（直辖市）人民政府向国务院报批。明确国家级新区范围内禁止和限制投资经营的行业、领域、业务等市场准入负面清单事项，尤其是对高耗能、重污染的企业或项目，不予办理环评审批手续，严格执行环境准入制度。对市场准入负面清单以外的行业、领域、业务等，实行无须环评审批，各类市场主体依法平等进入。对限制准入事项，由市场主体依照国家级新区规定的准入条件和准入方式合规进入。国家级新区要积极探索清单管理模式与政务数字化深度融合，尽快建立“市场主体基础信息库”与“政务审批数据库”，在审批信息数字转化的基础上，实现市场准入的数字化治理。①

（3）打造优质营商环境。国家级新区要全面深化“放管服”改革，找准市场功能和政府行为的最佳结合点，促进“有效市场”和“有为政府”的融合，构建既具有中国市场特色又符合国际通用标准的制度环境。深入推进政务信息系统整合共享，打通部门间数据共享堵点，扩大“一站式”服务和“一网通办”政务服务事项范围。精简政务服务流程，规范办事指南，实现线上线下一套办理标准，提升投资便利化水平。在严格规范公正文明执法的基础上积极探索包容审慎的监管方式，落实企业信息公开制度，健全守信激励与失信惩戒机制，保护市场主体尤其是中小企业、创新型企业的合法利益，营造国家级新区透明稳定的法治环境和公平竞争的市场秩序。

4. 优化城市功能和品质，提升产城融合发展水平

（1）加强规划统领。国家级新区要坚持以资源环境承载能力为刚性约束条件，严格控制用地规模和开发强度，注重规划留白留绿，科学确定国家级新区开发边界、人口规模与用地规模。要综合考虑国家级新区功能定位、发展目标和现状条件，统筹规划国家级新区生产生活与城乡发展的空间布局，通过提高土地利用效率引导国家级新区人口和产业的集聚发展。要加大对各类规划的统筹协调，通过对各类规划网格化、数字化、精细化的系统管理实现“多规合一”，同步形成与实体国家级新区“孪生”的数字国家级新区。邀请一流规划设计团队参与国家级新区规划及建筑设计，把新发展理

---

① 陈升、李兆洋、唐雲：《清单治理的创新：市场准入负面清单制度》，《中国行政管理》2020 年第 4 期。

念贯穿于国家级新区开发建设的全过程，强化规划意识，严格规划执行，避免反复折腾和人为浪费，确保国家级新区规划与建设“一张蓝图绘到底”。

（2）增加公共服务有效供给。国家级新区要着力提高公共服务设施建设水平，补足公共服务短板，增强教育、医疗、文化、娱乐、养老等配套功能。国家级新区基本公共服务要逐步向农村下沉延伸，不断缩小城乡公共服务水平差距。国家级新区要统筹基础设施建设和公共服务设施建设，通过完善现代交通网络，缩短国家级新区与主城区之间的平均通勤时间至45分钟的容忍阈值内。国家级新区要提供完善的公共配套，让每个片区的居民都能享有均等的、高质量的生活和商业设施，推动国家级新区有序承接主城区部分功能，实现职住平衡。国家级新区要充分利用大数据技术，精准识别公共需求，统筹公共服务的协同供给，避免公共服务碎片化供给造成的资源浪费。

（3）加强生态文明建设。国家级新区要坚持生态立区，以绿色发展切实改善国家级新区群众的民生福祉，加快将国家级新区建设成为绿色生态宜居的现代化新城。国家级新区要加快建立健全水、土地与空气环境监测预警体系，加大环境整治力度，落实严格的环境资源管理制度。强化资源的开发利用规模、利用效率和国家级新区限制纳污“三条红线”约束，促进资源节约和环境保护，促进资源可持续利用和国家级新区的可持续发展。国家级新区要加快打造成智慧城市示范区，加大对市政道路、大型公共场所和商业综合体等设施的智慧节能建设力度，通过大数据智能化手段，将智能化管理与生态文明建设相结合，全面提升国家级新区生态环境质量。

5. 坚持创新驱动发展，提升关键领域创新能力

（1）强化产学研合作。地方政府要鼓励高校、科研院所在国家级新区设立新型研发机构，支持行业龙头企业和跨国公司在国家级新区设立研发总部，引导国家级新区企业建立院士专家工作站、博士后科研工作站等平台。国家级新区要通过制度创新为创新主体提供支持与服务，如探索更加开放的人才引进和管理机制，允许高校、科研院所的科技人才按规定在国家级新区企业中兼职兼薪、按劳取酬；尊重企业、高校和科研院所的利益需求和充分考虑各方在合作创新中的贡献，引导市场建立产学研合作的利益分配机制；建立保护创新主体、应对创新失败风险和成果转化风险的风险控制机制。国家级新区要加强产学研在研发、科技及成果转化、决策咨询、人才培养等方面的合作，打通创新链条，实现创新驱动发展。

（2）完善成果保护机制。国家级新区要引导研发机构开展赋予科研人员职务科技成果所有权或长期使用权的试点，鼓励其构建体现与科学价值、经济价值和社会价值相匹配的科研人员创新成果分配制度。国家级新区要加强对入驻企业知识产权保护的宣传力度，积极主动向区内企业开展商标、软件著作权等知识产权保护方面的培训。同时要充分发挥知识产权的激励作用，严厉打击侵犯知识产权的行为，保护创新成果，规制不正当竞争。国家级新区应尽快成立知识产权保护中心，健全知识产权全链条服务体系，加快授权、确权、维权，切实解决知识产权维权举证难、成本高、周期长的问题，为企业自主创新提供坚实保障。

（3）加大对关键核心技术研发的激励。国家级新区要密切跟踪世界科技前沿，引导区内企业围绕当前中国在核心零部件和元器件、关键基础材料、先进基础工艺等领域的“卡脖子”技术难题，集中力量瞄准突破口，通过自主创新着力攻克影响产品质量、性能和稳定性的核心技术。国家级新区要在坚持市场竞争的前提下，不断完善相关财政、税收、贸易政策加大对技术创新的支持与保障，如通过设立自主创新奖励基金支持企业进行自主研发活动；把企业研发费用加计扣除比例提高到100%，让企业在所得税方面得到更大优惠。同时进一步完善科技奖励制度，加大对自主研发的重大科技创新成果的奖励和对科技创新人才的表彰。

四　国家级开发区概览

国家级开发区是指由国务院批准在城市规划区内设立的经济技术开发区、国家高新技术产业开发区、保税区、出口加工区、国家旅游度假区等实行国家特定优惠政策的各类开发区，是中国现存开发区中最高地位的一类开发区。国家级开发区为所在地（直辖）设区的市以上人民政府的派出机构，拥有同级人民政府的审批权限。国家级开发区设立的初衷是为了解决审批手续繁杂、机构“叠床架屋”等制约经济社会发展的体制问题。通过集中力量建设符合国际水准的投资环境，提高外商投资的水平与质量，同时引进世界先进技术，加快高新技术产业的聚集，使之成为所在城市及邻近区域科技和经济发展的重点区域，从而由产业化实现城市化。

继 1980 年设立深圳、珠海、汕头和厦门四个经济特区获得极大的成功后，党中央和国务院决定进一步开放大连等沿海 14 个港口城市，并在有条件的地方兴办经济技术开发区，实行经济特区的某些政策。1984 年 9 月至 1988 年 6 月，国务院相继批准了 14 个沿海经济技术开发区，这 14 个沿海经济技术开发区是第一批国家级开发区。在首批经济技术开发区取得巨大成功后，国家级开发区进入高速增长的新阶段，逐步形成了由国家级经济技术开发区、国家高新技术产业开发区、海关特殊监管区域、边境/跨境经济合作区等构成的多类型、全方位的国家级开发区格局。截至 2018 年年末，中国已批复设立的国家级开发区 552 个，这些国家级开发区对全国和地方的经济发展发挥了重要的推动作用。本书后半部分以国家级经济技术开发区和国家高新技术产业开发区作为主要研究对象，主要基于以下两个方面的考虑。第一，国家科技部、商务部等部门的相关统计公报以及国家统计局的相关年鉴资料使得国家级经济技术开发区和国家高新技术产业开发区具有相对较好的数据可获性，从而能够展开基于国家级开发区宏观布局的历时发展分析以及空间断面分析。第二，国家级经济技术开发区和国家高新技术产业开发区是目前国家级开发区体系中最为重要的两类，其数量多、经济规模大，具有代表性。

（一）国家级开发区设立情况

1. 国家级开发区的设立时间

国家级开发区的历史最早可追溯到 20 世纪 80 年代，遵循着经济特区—沿海开放城市—经济技术开发区—沿海开放地带的对外开放思路，在设立了 4 个经济特区后，1984 年 9 月 25 日，国务院正式批准在金县（现金州区）马桥子兴建大连经济技术开发区。地处环渤海和东北亚经济圈前端的大连经济技术开发区成为中国第一个国家级经济技术开发区，开启了中国国家级开发区探索的历程。此后，在 1984—1988 年，首批 14 个国家级经济技术开发区——秦皇岛经济技术开发区（1984 年 1 月）、宁波经济技术开发区（1984 年 1 月）、青岛经济技术开发区（1984 年 1 月）、烟台经济技术开发区（1984 年 1 月）、大连经济技术开发区（1984 年 9 月）、湛江经济技术开发区（1984 年 11 月）、天津经济技术开发区（1984 年 12 月）、南通经济技术开发区（1984 年 12 月）、连云港经济技术开发区（1984 年 12 月）、广州经济技术开发区（1984 年 12 月）、福州经济技术开发区（1985 年 1 月）、虹桥经济技术开发区（1986 年 8 月）、闵行经济技术开发区（1986 年 8 月）、漕河泾新兴技术开发区（1988 年 6 月）相继设立，这一阶段的国家级开发区仅有国家级经济技术开发区，是国家级开发区的起步阶段。

在国家级经济技术开发区方兴未艾之时，1988 年中国国家高新技术产业化发展计划——火炬计划开始实施，创办高新技术产业开发区和高新技术创业服务中心被明确列入火炬计划的重要内容。以这一计划为契机，1988 年 5 月 10 日，经国务院正式批准，中国第一个高新技术产业开发试验区——北京市新技术产业开发试验区成立，开启了中国高新技术产业开发区的探索道路。1991 年 3 月 6 日，国务院印发《关于批准国家高新技术产业开发区和有关政策规定的通知》，决定继 1988 年批准北京市新技术产业开发试验区之后，在各地已建立的高新技术产业开发区中，选定武汉东湖新技术开发区等 26 个开发区作为国家高新技术产业开发区。1997 年批复设立杨凌农业高新技术产业示范区。

同时，自 20 世纪 80 年代末开始，中国也开始了各种类型开发区的探索和建设。1989 年，首次设立了厦门海沧台商投资区和福州台商投资区两家投资开发区。1990 年 6 月，经中央批准，在上海创办了中国第一个保税区——上海外高桥保税区。1992 年，中国设立了首批 3 个边境经济合作区和 12 个国家旅游度假区。截至 20 世纪 90 年代末，中国设立了 36 个国家级经济技术开发区、53 个国家高新技术产业开发区、11 个海关特殊监管区域、14 个边境/跨境经济合作区和其他各种类型的开发区 20 个。至此，国家级开发区的建设构建起了初成规模和类型立体的网络体系。

21 世纪第一个十年，国家级开发区稳步发展，其数量也随之稳步增加。在这十年间，中国新设立了 20 个国家级经济技术开发区、3 个国家高新技术产业开发区、51 个海关特殊监管区域和 1 个边境/跨境经济合作区。截至 2009 年年末，中国共有各种类型的国家级开发区 209 个，开发区数量呈温和增长态势。

2010 年以来，国家级开发区数量井喷式增长，仅 2010 年这一年就批准设立了各种类型的国家级开发区 94 个，为历年国家级开发区新设数量之最。截至 2018 年年底，国家级开发区总数达到 552 个，形成了数量庞大、类型齐全的全方位国家级开发区体系。其中，国家级经济技术开发区数量最多，达到 219 个；国家高新技术产业开发区和海关特殊监管区域分别为 156 个和 135 个；边境/跨境经济合作区与其他类型的开发区则数量较少，分别为 19 个和 23 个（见表 4－1）。

表 4－1 **历年批准设立的国家级开发区数量** 单位：个

年份	国家级开发区类型					当年批准设立的国家级开发区合计数	国家级开发区累计数
	国家级经济技术开发区	国家高新技术产业开发区	海关特殊监管区域	边境/跨境经济合作区	其他类型的开发区		
1984	10	0	0	0	0	10	10
1985	1	0	0	0	0	1	11
1986	2	0	0	0	0	2	13
1988	1	1	0	0	0	2	15
1989	1	0	0	0	2	3	18
1990	0	0	1	0	1	2	20
1991	0	26	2	0	0	28	48
1992	6	25	6	13	14	64	112
1993	12	0	1	1	0	14	126
1994	3	0	0	0	0	3	129
1995	0	0	0	0	3	3	132
1996	0	0	1	0	0	1	133
1997	0	1	0	0	0	1	134
2000	11	0	8	0	0	19	153
2001	5	0	1	0	0	6	159

续表

年份	国家级开发区类型					当年批准设立的国家级开发区合计数	国家级开发区累计数
	国家级经济技术开发区	国家高新技术产业开发区	海关特殊监管区域	边境/跨境经济合作区	其他类型的开发区		
2002	2	0	4	0	0	6	165
2003	0	0	7	0	0	7	172
2004	0	0	2	0	0	2	174
2005	0	0	6	0	0	6	180
2006	0	0	5	1	0	6	186
2007	0	1	2	0	0	3	189
2008	0	0	12	0	0	12	201
2009	2	2	4	0	0	8	209
2010	60	27	7	0	0	94	303
2011	15	5	7	1	2	30	333
2012	40	17	11	0	0	68	401
2013	39	9	5	1	0	54	455
2014	8	1	9	0	0	18	473
2015	1	31	15	1	1	49	522
2016	0	0	12	1	0	13	535
2017	0	10	5	0	0	15	550
2018	0	0	2	0	0	2	552
合计	219	156	135	19	23	552	—

注：1987 年、1998 年、1999 年没有新批的国家级开发区，故不列入表中。

资料来源：根据国家发展改革委、科技部、国土资源部、住房城乡建设部、商务部、海关总署 6 部委联合发布的《中国开发区审核公告目录（2018 年版）》整理。

2. 国家级开发区的主要类型

根据《中国开发区审核公告目录（2018 年版）》的分类，中国国家级开发区大致可以分为五大类，即国家级经济技术开发区、国家高新技术产业开发区、海关特殊监管区域、边境/跨境经济合作区和其他类型的开发区。这五类开发区在中国经济的发展中发挥了不同的功能，共同构成了中国全方位、多层次的国家级开发区体系。

（1）国家级经济技术开发区

国家级经济技术开发区是政府为了激活国内外生产要素，加快经济发展而在国土上划出的实行特殊政策及特殊管理的区域。国家级经济开发区内集中建设现代化的基础设施，设立更加精简的管理机构，大力优化投资环境，完善相关法律，最大限度地吸引外资，开展对外合作，引进国外的先进技术和经验，培养高素质人才，带动城市和内地建设，开通进入国际市场的渠道，大力承接国际产业转移。① 自 1984 年以来，经过 30 多年的发展，中国已经形成一大批优秀的国家级经济开发区。国家级经济开发区已经成为中国经济发展的高地，有效带动了区域经济发展，促进了中国经济的可持续高质量发展。2018 年国家级经济开发区 10 强分别为：苏州工业园区、广州经济技术开发区、天津经济技术开发区、北京经济技术开发区、昆山经济技术开发区、青岛经济技术开发区、烟台经济技术开发区、江宁经济技术开发区、杭州经济技术开发区、上海漕河泾新兴技术开发区。

（2）国家高新技术产业开发区

国家高新技术产业开发区是随着 863 计划和火炬计划而提出的，是为了促进中国高新技术产业的发展而建立的集孵化、集聚、扩散、示范功能于一体的功能区，充分吸收和借鉴国外先进科技资源、资金和管理手段，通过实施高新技术产业的优惠政策和各项改革措施，实现软硬环境的局部优化，最大限度地把科技成果转化为现实生产力，为中国高新技术产业的发展

---

① 郭玲：《新时期中国开发区功能定位与管理体制创新探讨》，硕士学位论文，厦门大学，2008 年。

提供平台和孵化基地。如今，国家高新技术产业开发区已经吸引了大批人才，为中国建设创新型国家贡献了大批自主发明专利，成为和经济技术开发区相互补充的科技和人才高地。截至2018年，除西藏外，中国各省、自治区、直辖市均布局了国家高新技术产业开发区，国家高新技术产业开发区已经成为促进地区创新发展的重要辐射点。

（3）海关特殊监管区域

“海关特殊监管区域”的概念源自《中华人民共和国海关法》，是经国务院批准设立的特殊监管区域，赋予承接国际产业转移、连接国内国际两个市场的特殊功能和政策，以海关为主实施封闭监管的特定经济功能区域。最早的海关特殊监管区域为1990年6月设立的上海外高桥保税区，经过30多年的持续发展，海关特殊监管区域已经向更加科学化、合理化的方向发展，目前已经逐步发展出了六种不同的模式：保税区、出口加工区、保税物流园区、跨境工业园区、保税港区、综合保税区，这些不同的模式适合于不同的应用场景，共同促进了中国外向型经济的发展。截至2018年，中国已批准在31个省、自治区、直辖市设立135个海关特殊监管区域。

（4）边境/跨境经济合作区

边境/跨境经济合作区是在边境附近发展边境贸易和出口加工而形成的一系列出口加工区、保税区和自由贸易区等享受特殊财政税收政策的区域。其中，边境经济合作区是中国在沿边开放城市设立的，主要为了加强中国沿边开放城市的经济基础，充分利用沿边开放口岸，发展面向毗邻国家的出口加工业，促进沿边地区经济的可持续发展。跨境经济合作区是在两个邻近国家相互接壤的边境地区共同设立的享受一系列优惠政策的区域，两国以合作区为基础开展全面的贸易、投资、技术、劳务、旅游等领域的全方面合作，充分利用两国边境接壤的地缘优势，实现快速发展的同时辐射整个沿边经济带。

自1992年设立第一批边境经济合作区以来，经过近30年的蓬勃发展，边境/跨境经济合作区产业发展成效显著，对外贸易加速发展，基础设施不断完善，投资产出效益提升，营商环境持续改善，跨境合作创新发展，对所在地的辐射带动和引领作用日益增强。截至2018年，中国已经设立了19个边境/跨境经济合作区。边境/跨境经济合作区不仅在推动地区经济发展方面发挥着重要作用，对于国家之间的睦邻友好关系、中国各民族的共同繁荣和边境稳定也意义重大，是国家级开发区中极富中国特色的一部分。

（5）其他类型的开发区

除了上述四种主要的国家级开发区类型以外，中国还因地制宜地设立了一些其他类型的开发区，包括互市贸易区、国家旅游度假区、金融贸易区、投资区、投资开发区、科技工业园区等。这些功能各异的多种其他类型的开发区旨在满足经济发展中各个层次的开放发展需要，它们在中国经济发展中发挥着重要作用，其中诸如上海陆家嘴金融贸易区、中俄互市贸易区等已经成为亮丽的中国名片，也是中国经济发展的试验田，为中国的可持续发展道路探索了中国经验。

3. 国家级开发区的规划面积

截至2018年，中国设立的国家级开发区面积总计超过532219.87公顷，其中国家级经济技术开发区254426.20公顷，国家高新技术产业开发区176651.52公顷，海关特殊监管区域45833.79公顷，边境/跨境经济合作区10533.00公顷，其他类型的开发区44775.36公顷。可以看出，国家级经济技术开发区和国家高新技术产业开发区规划面积最大，大约占到了国家级开发区总规划面积的80%，是中国国家级开发区中最重要的两种类型。

分区域来看，根据《中共中央、国务院关于促进中部地区崛起的若干意见》《国务院发布关于西部大开发若干政策措施的实施意见》以及党的十六大报告精神，将中国的经济区域划分为东部、中部、西部和东北四大地区。其中东部地区国家级开发区规划面积 286182.5 公顷，中部地区国家级开发区规划面积 83762.62 公顷，西部地区国家级开发区规划面积 113715.62 公顷，东北地区国家级开发区规划面积 48559.11 公顷。可以看出东部地区的国家级开发区规划面积最大，约占全国国家级开发区总规划面积的 54%，其次是西部地区和中部地区，东北地区的国家级开发区规划面积最小，仅占国家级开发区规划总面积的 9%左右。

分省份来看，中国 31 个省、自治区、直辖市均有国家级开发区布局，其中江苏的国家级开发区规划面积最大，达到 53437.88 公顷。全国共有 7 个省（自治区、直辖市）的国家级开发区规划面积超过 3 万公顷，分别是江苏、浙江、福建、上海、山东、广东和新疆，5 个省（自治区）国家级开发区规划面积小于 5000 公顷，分别是山西、贵州、宁夏、青海、西藏。

从各种开发区的类型分布上来看：

（1）国家级经济技术开发区

国家级经济技术开发区在中国 31 个省、直辖市、自治区均有布局，在东部地区规划面积最大，中部和西部规划面积大致相当，东北地区规划面积最小。

分省份来看，国家级经济技术开发区在江苏的规划面积最大，其次为浙江，其余有 6 个省（自治区、直辖市）的国家级经济技术开发区规划面积超过 1 万公顷，分别为福建、上海、山东、广东、新疆和江西。仅有 3 个省（自治区）的国家级经济技术开发区面积小于 2000 公顷，分别为内蒙古、青海、西藏。

（2）国家高新技术产业开发区

除西藏外，国家高新技术产业开发区在中国其他省、自治区、直辖市均有规划，其中东部地区的规划面积最大，中部地区和西部地区的规划面积大致相当，东北地区最小。

分省份来看，北京的国家高新技术产业开发区规划面积最大，其次是广东。另外还有 4 个省的国家高新技术产业开发区规划面积超过 1 万公顷，分别是江苏、山东、湖北、陕西；除西藏外，5 个省（自治区）国家的高新技术产业开发区规划面积小于 200 公顷，分别是海南、山西、贵州、宁夏、青海。

（3）海关特殊监管区域

海关特殊监管区域主要分布在中国东部地区，其次为西部地区，中部地区和东北地区最小。

分省份来看，除青海和西藏外，中国其他省、自治区、直辖市均有海关特殊监管区域规划。其中江苏的海关特殊监管区域规划面积最大，其次为上海，除青海和西藏外，5 个省（自治区）的海关特殊监管区域的批准面积小于 500 公顷，分别是甘肃、海南、内蒙古、山西、宁夏。

（4）边境/跨境经济合作区

边境/跨境经济合作区主要设立在中国边境地区，所以主要分布在西部地区和东北地区的国境线附近。规划面积最大的是新疆，接下来依次为云南、黑龙江、广西、内蒙古、辽宁、吉林。

（5）其他类型的开发区

其他类型的开发区主要分布在一些经济发达和具有特殊功能的区域。其中，东部地区规划面积最大，西部地区次之，东北地区最小。

4. 国家级开发区的空间分布

总体上看，中国国家级开发区的空间分布呈现东密西疏，沿海多、内陆少的特点。这与中国整体的经济特区——沿海开放城市——沿海经济开放区——内地的发展思路相吻合，也和中国各个时期的国家战略相配套。

从区域分布来看，东部地区的国家级开发区数量最多，有258个各种类型的国家级开发区；中部地区有107个各种类型的国家级开发区；西部地区有131个各种类型的国家级开发区；东北地区最少，仅有56个各种类型的国家级开发区。

从各省份的分布来看，江苏的国家级开发区数量最多，有67个各种类型的国家级开发区。国家级开发区数量分布的前五位依次为江苏、山东、浙江、福建、广东，国家级开发区数量分布的后五位为海南、宁夏、青海、北京、西藏。

从沿海和内陆的关系来看，有310个各种类型的国家级开发区位于沿海的省份，其他242个国家级开发区分散分布在内陆广大地区。

从各个时期的中国区域经济协调发展战略来看，大量开发区的布局和中国各个时期的发展战略相协调配合，很多国家级开发区的空间布局和中国西部大开发、振兴东北老工业区和中部崛起等战略规划关系密切。有131个各种类型的国家级开发区位于中国实施西部大开发战略的12个省份的要冲位置。107个国家级开发区位于中部六省的关键区域，作为实施中国中部崛起战略的着力点和辐射区域。258个各种类型的国家级开发区位于东北老工业基地，作为振兴东北老工业基地的龙头区域，引领东北老工业基地的振兴。

按开发区类型及其空间集聚程度来看，国家级经济技术开发区和国家高新技术产业开发区主要集聚在长三角、京津、广深等城市群区域，① 以及地理区域的中心城市及其周边区域，两者的分布特征较为一致。这是因为两者都对地区的经济基础和人才集聚程度有所依赖，所以基本上这两种类型的国家级开发区都分布在大型城市群或者大型城市周围。海关特殊监管区域

① 胡森林等：《中国省级以上开发区空间分布特征及影响因素》，《经济地理》2019年第1期。

和边境/跨境经济合作区则由于功能上的特殊性而有其独特的空间分布特征，其分布与国家级经济技术开发区和国家高新技术产业开发区的空间分布差异较大。海关特殊监管区主要集聚在长三角地区，其他的海关特殊监管区域则主要散布于沿海、沿边、沿江等区域，呈现出“小集聚、大分散”的空间分布特征。边境/跨境经济合作区的空间分布特征更加明显，主要分布在与其他国家接壤的边境区域，目前仍未形成规模，空间分布较为分散。其他类型的开发区由于功能上的特殊性主要分布在一些沿边和沿海经济发达地区，整体分布较为分散。

（二）国家级开发区主要功能

开发区的功能一般是指开发区在不同国家及不同地区经济社会发展中所起的具体作用。由于开发区具有一个演变的过程，其在不同国家、不同地区经济发展中发挥的作用不同。中国国家级开发区的建设发展是结合中国国情而走出的一条中国特色的开发区建设发展道路，同类型的国家级开发区都有着各自重要的功能和使命，服务于当时中国经济目标和战略规划。

总的来看，国家级开发区的历史使命是成为中国经济发展的“排头兵”，不仅要提高其自身的生产总值，而且辐射周边区域，使经济更加发展、科技更加进步、文化更加繁荣、社会更加和谐。① 具体来看，不同类型的国家级开发区又分别具有不同的功能定位，承担着不同的使命。

1. 国家级经济技术开发区

《国务院办公厅关于促进国家级经济技术开发区转型升级创新发展的若干意见》指出：国家级经济技术开发区是带动地区

① 韩加君：《开发区升级》，《招商周刊》2005 年第 1 期。

经济发展和实施区域发展战略的重要载体，是构建开放型经济新体制和培育吸引外资新优势的排头兵，是科技创新驱动和绿色集约发展的示范区。早期，国家级经济技术开发区在国家和地区发展的具体作用和功能主要是引进、吸收先进技术和现代管理经验；扩大出口贸易，增加外汇收入，积累建设资金；开发国内紧缺产品，满足全国生产建设需要；及时掌握和传播经济技术信息；培养各方面人才，以适应进一步对外开放工作的需要。新时期国家级经济技术开发区的具体作用主要是带动地区经济转型升级，继续提升开放水平，在更高层次参与国际经济合作和竞争，提高在全球价值链及国际分工中的地位。中西部地区国家级经济技术开发区要依托本地区比较优势，着力打造特色和优势主导产业，提高承接产业转移的能力，防止低水平重复建设，促进现代化产业集群健康发展。

2. 国家高新技术产业开发区

科技部《国家高新技术产业开发区“十三五”发展规划》指出国家高新技术产业开发区的战略定位是：着力推动国家高新技术产业开发区创新示范和战略引领，建设具有重大引领作用和全球影响力的创新高地，培育和发展战略性新兴产业的关键载体，转变发展方式和调整经济结构的重大引擎，成为建设创新型国家和世界科技强国的重要支点。将国家自创区建设成为体制机制改革和政策先行先试的创新特区，积极打造国家高新技术产业开发区“升级版”。

与国家级经济技术开发区相比，国家高新技术产业开发区的功能定位有其自身的特殊性。国家级经济技术开发区着重提高其生产总值、进出口和利用外资等，是地区经济发展的“增长极”；而国家高新技术产业开发区则是地区的科技和人才高地，着重提高其科技研发能力，努力吸引人才和引进新技术，成为地区的创新“增长极”，为中国建设创新型国家起到带头作用。

3. **海关特殊监管区域**

海关特殊监管区域的功能作用主要有四个方面：一是促外贸、引外资的先导区作用。二是带动中西部地区开放发展助推器作用。海关特殊监管区域以特殊区域为承接跨国产业转移平台，吸引外资龙头企业入区，直接带动周边集聚一大批配套企业，打通本地进出口国际通道，促进外向型经济建设，已成为当前中西部地区开放发展的成功范例。三是引领新业态探索创新孵化器作用。推动跨境电商网购保税进口、期货保税交割、保税融资租赁、文化艺术品保税展示等新兴贸易业态在特殊区域内快速发展，区内企业创新发展的内生动力不断增强。四是自由贸易试验区制度创新实验室作用。①

具体来看，保税区、出口加工区、保税物流园区、跨境工业园区、保税港区、综合保税区这六大类海关特殊监管区域有其各自不同的功能定位。其中，保税区的主要功能是加工制造、国际贸易、现代物流和展示展销；出口加工区的功能是将区内企业进口原材料生产加工成成品后复出口，适应大型 IT 企业加工贸易“大进大出、快进快出”的业务需求。保税物流园区的功能是存储进出口货物及其他未办结海关手续货物，对所存货物开展流通性简单加工和增值服务；全球采购和国际分拨、配送；转口贸易和国际中转；其他经批准的物流中转。跨境工业园区以发展工业为主，为跨境合作的试验区、新型工业化的示范区、现代物流展销区、自由贸易区试点。保税港区的主要功能是充分发挥区位优势和政策优势，发展国际中转、配送、采购、转口贸易和出后加工等业务，拓展相关功

① 《海关特殊监管区域在我国对外开放中发挥了积极作用》，http：//www. scio. gov. cn/32344/32345/39620/39629/zy39633/Document/1645166/1645166. htm。

能。综合保税区则集保税区、出口加工区、保税物流区、港口的功能于一身，可以发展国际中转、配送、采购、转口贸易和出口加工等业务。

4. 边境/跨境经济合作区

边境/跨境经济合作区是在边境地区设立的，享受各种优惠政策的特殊区域，包括边境经济合作区和跨境经济合作区两种类型。其中，边境经济合作区的功能作用是充分利用境内外两种资源、两个市场，发展有比较优势和竞争优势的特色经济，在提升沿边开放水平、增进与周边国家合作交流、打造边疆经济增长点、促进边境地区民族团结与社会稳定等方面做出重要贡献。[①] 跨境经济合作区的主要功能在于利用两国或多国资源和市场，充分发展合作区以带动相关地区的经济发展步伐。[②] 边境/跨境经济合作区在微观层面上可以减少“边境效应”，降低交易成本，促进生产要素更加自由的流动，促进边境地区经济发展；在宏观层面上则可以促进中国各民族共同繁荣发展，维护边境地区安全稳定。

5. 其他类型的开发区

除了上述四种主要的国家级开发区类型外，中国还设立了多种其他类型的开发区，这些开发区主要为了满足中国经济发展的多方面需要，适应不同阶段中国经济发展的特点。这些不同类型的开发区主要有投资区、金融贸易区、国家旅游度假区、高端装备制造产业园、科技工业园等，这些不同类型的开发区有其各自不同的功能。

---

① 《边境合作区 20 周年：改革快速高效经济和谐发展》，http：//ezone. mofcom. gov. cn/aarticle/joinus/201212/20121208470352. html。

② 吕珂、胡列曲：《跨境经济合作区的功能》，《学习与探索》2011 年第 2 期。

具体来看，两家投资区都设在福州，主要功能是承接产业转移、吸引投资，结合本地区的人才和劳动力资源成为带动地区发展的“增长极”。金融贸易区为上海陆家嘴金融贸易区，其主要功能是促进地区金融、保险、证券和商贸的发展，在突出金融贸易的功能开发重点的同时，充分考虑了建设现代化都市的需要，建设现代化的金融区。国家旅游度假区的功能是适应中国居民休闲度假旅游需求快速发展需要，为人民群众积极营造有效的休闲度假空间，提供多样化、高质量的休闲度假旅游产品，为落实职工带薪休假制度创造更为有利的条件。高端装备制造产业园全国仅有一家，为中德（沈阳）高端装备制造产业园，其功能是创新装备制造业发展模式，创新园区开发建设管理模式，创新对外开放合作模式，加强“中国制造 2025”与“德国工业 4.0”战略的高效对接，实现中国市场与德国技术优势互补，将中德（沈阳）高端装备制造产业园打造成为国际化、智能化、绿色化的高端装备制造业园区，加快培育沈阳经济区新的增长点，为促进辽宁省经济社会发展乃至东北地区老工业基地全面振兴发挥积极作用。科技工业园的功能是融合科技、产业、文化、生态、生活为一体，集聚“高端科技、高端产业、高端产品、高端客户、高端人才”，兼顾经济发展和生态改善。

（三）国家级开发区管理体制

管理体制一般是指管理机构设置、权力与责任的配置、运行过程的制度的总和。① 国家级开发区在中国经历了 30 多年的发展，形成了一套具有中国特色的国家级开发区管理经验和管

① 郭玲：《新时期中国开发区功能定位与管理体制创新探讨》，硕士学位论文，厦门大学，2008 年。

理体制。目前，虽然中国的国家级开发区在层次、规模和发展水平上不同，但基本上都向着“小政府、大社会”“小机构、大服务”的方向迈进。国家级开发区的管理理念突出服务至上、效率优先；管理模式上自由度高、较为灵活；管理机制透明高效；管理机构精简灵活。[①] 具体来看，中国国家级开发区的管理体制大致可以分为以下三种类型：政府主导的开发区管理模式、企业主导型开发区管理体制、政企混合的开发区管理体制。

1. 政府主导的开发区管理模式

政府主导的开发区管理模式又称完全政府型管理体制，开发区的管理完全由政府或者作为政府派出机构的当地管理委员会负责，在这一管理模式中，政府在国家级开发区的建设和发展中全面负责园区规划、基础建设、土地开发和招商引资等工作。这一管理体制又可以具体分为政府直接管理型管理体制和政府委托管理型管理体制。

政府直接管理型管理体制是指开发区所在城市的政府全面负责开发区的管理工作。这种管理体制强调开发区和所在行政区职能合一，因此也称为“政区合一”的管理体制，在一些发展程度较高的国家级开发区实行了这种模式，比如广州经济技术开发区和青岛经济技术开发区等。

政府委托管理型管理体制又称准政府型管理机制，开发区的日常管理完全由开发区管理委员会负责，开发区管理委员会受所在城市人民政府委托，对开发区的行政、经济等事务进行全面综合管理。开发区管理委员会作为一个独立机构，享有较大的经济管理权限和行政管理权限。开发区管理委员会既是管理者又是开发商，同时负责开发区的管理和服务。其特点是开

---

① 江渝：《开发区管理体制模式与改革路径》，《中国机构改革与管理》2016 年第 9 期。

发区在城市中成为一个与其他行政区相对隔离的、经济和行政管理相对独立的特殊区域。① 实行这类管理体制的开发区的代表是苏州高新技术产业开发区等。

总的来说，政府主导的开发区管理模式的优势在于可以充分发挥政府协调各方的能力，为开发区提供良好的物质条件和宽松的制度环境，机构简化，办事效率较高。但是这类管理模式往往会有职责不清、政企不分的弊病，导致开发区的服务职能削弱。

2. 企业主导型开发区管理体制

企业主导型开发区管理体制又称企业运作型或者无管理委员会的开发区管理模式。在这一模式下开发区的管理主体是独立的经济贸易开发总公司，这类公司既非独立的行政组织也不是政府派出机构，而是作为经济法人组织开发区内的经济活动，同时还承担了一部分政府协调，负责项目招标、土地规划、行业管理规划等职能。其他的社会管理以及相应的工商税务等职能则仍然由政府相关部门负责②。实施这种开发区管理体制的代表为上海漕河泾新兴技术开发区和深圳科技工业园。

开发总公司对开发区实施企业化的管理，运用各种市场工具为开发区解决投资建设等问题，使得开发区快速提升其经济效益和发展水平。同时，这种模式使得开发区一定程度上摆脱了行政事务的束缚，放手发展经济。但是这种模式可能会过分强调经济利益，忽视开发区的社会效益，并且可能会出现开发区和其他政府部门的协调问题，导致效率损失。

---

① 雷霞：《我国开发区管理体制问题研究》，博士学位论文，山东大学，2009 年。

② 江渝：《开发区管理体制模式与改革路径》，《中国机构改革与管理》2016 年第 9 期。

3. **政企混合的开发区管理体制**

上文提到的两种开发区的管理体制都可以称为完全统治型的开发区管理体制，政企混合的开发区管理体制则是在上述两种开发区的管理体制基础上折中处理，将管理委员会管理和企业管理模式结合起来，是一种政府和企业相结合的管理模式，由管理委员会作为当地政府的派出机构掌握行政权，同时成立开发区总公司负责开发区的市场经营，① 实现政府和企业的良性互动、行政和经营相分离。根据成立的开发区总公司和当地开发区管理委员会的关系，又可以分为“政企合一”和“政企分离”的管理体制。

政企合一的开发区管理体制下开发总公司是在开发区的管理委员会下设立的，开发总公司对管理委员会负责，开发区各个职能部门和开发总公司相对独立。管理委员会负责决策和行使其他服务职能，开发总公司负责基础设施建设，管理委员会主任和开发总公司的总经理通常是一人兼任。职能部门和开发总公司的人员配置不独立。其具体分工是由管理委员会做出决策，各职能部门负责行政管理和社会管理，开发总公司负责开发区开发、建设和经营。实行这一管理体制的开发区的代表是宁波经济技术开发区。

政企分离的开发区管理体制下，开发总公司和管理委员会相对独立，管理委员会不直接运用行政权力干预企业的日常经营活动，主要负责协调和监督开发总公司的运营。开发区开发总公司作为独立的经济法人，不对管理委员会负责，企业实现内部的自我管理，政府行使行政权，企业行使经营权，两者相互并存分离。这一模式的代表是苏州工业园区。

---

① 江渝：《开发区管理体制模式与改革路径》，《中国机构改革与管理》2016 年第 9 期。

总之，政企混合型的开发区管理体制可以兼顾两种完全统治型的管理体制的优势，实现行政权和经营权的分离，提高了管理和服务效率，有利于协调多功能区和行政区并存而产生的体制内耗，减少职能部门的管理摩擦，① 但缺点是容易造成机构重复建设和人员冗余，两个机构的沟通也需要成本。

（四）国家级开发区企业状况

1. 企业分布状况②

（1）区域分布特点

国家级开发区企业绝大部分位于东部和中部地区的国家级开发区。2018 年，国家级开发区企业共 1429314 个，其中，东部地区 978643 个、中部地区 201260 个、西部地区 158001 个、东北地区 91410 个。国家级开发区企业中，东部、中部、西部和东北地区企业数分别占总数的 68.47%、14.08%、11.05%、6.40%。

从国家级开发区企业数的省份分布看（见表4－2），同样表现出东部地区多、西部地区少的空间不平衡特征。国家级开发区企业数最多的 5 个省份依次为：浙江、江苏、广东、山东、辽宁，其中前 4 个均为东部省份，这 4 个东部省份国家级开发区企业数占全部国家级开发区企业数的 59.9%。国家级开发区企业数最少的 5 个省份依次为：青海、海南、西藏、宁夏、内

① 邓春玉：《我国开发区管理体制创新趋势分析——兼论广东湛江国家级经济技术开发区东海岛新区管理体制》，《城市发展研究》2007 年第 1 期。

② 本报告中，国家级开发区企业数量和从业人员数量由国家统计局依据商务部提供的开发区下面的各个地区的区划代码与各企业的区划代码进行匹配并汇总得到。

蒙古，其中4个为西部省份，这4个西部省份国家级开发区企业数合计仅占全部国家级开发区企业数的0.70%。

表4－2　　国家级开发区企业数的省份分布（2018年）

	企业数（个）
浙江	311399
江苏	297586
广东	130996
山东	116359
辽宁	65586
湖北	56333
安徽	41536
河南	38902
福建	38019
四川	34410
云南	30537
陕西	30457
天津	30038
湖南	26532
河北	21052
江西	19686
山西	18271
上海	17095
重庆	16159
北京	15272
黑龙江	13229
吉林	12595
新疆	12097
广西	10551

续表

	企业数（个）
贵州	7997
甘肃	5734
内蒙古	5185
宁夏	2224
西藏	2003
海南	827
青海	647
合计	1429314

资料来源：根据国家统计局提供的第四次经济普查汇总数据整理。

（2）行业分布特点

从产业分布看，国家级开发区企业在三大产业中呈现“三二一”的分布特点。第三产业企业数最多，占全部国家级开发区企业数的比重高达71.88%；第二产业企业数次之，占全部国家级开发区企业数的比重为28.02%；第一产业企业数最少，占全部国家级开发区企业数的比重为0.10%。

进一步从具体的行业分布看，国家级开发区企业集中于批发和零售业、制造业、租赁和商务服务业这三个行业（见表4－3）。国家级开发区企业数最多的5个行业为：批发和零售业、制造业、租赁和商务服务业、建筑业、科学研究和技术服务业，这些行业全部隶属于第三产业和第二产业，占国家级开发区企业总数的78.10%。国家级开发区企业数最少的5个行业是：采矿业，农、林、牧、渔业，卫生和社会工作，电力、热力、燃气及水生产和供应业，水利、环境和公共设施管理业，这5个行业国家级开发区企业占国家级开发区企业总数的1.19%。

表 4－3　　按行业分国家级开发区企业数（2018 年）

行业	企业数（个）	占比（%）
农、林、牧、渔业	1424	0.10
采矿业	855	0.06
制造业	296503	20.74
电力、热力、燃气及水生产和供应业	4231	0.30
建筑业	98954	6.92
批发和零售业	455959	31.90
交通运输、仓储和邮政业	55183	3.86
住宿和餐饮业	23297	1.63
信息传输、软件和信息技术服务业	74231	5.19
金融业	14942	1.05
房地产业	56090	3.92
租赁和商务服务业	166222	11.63
科学研究和技术服务业	98829	6.91
水利、环境和公共设施管理业	6700	0.47
居民服务、修理和其他服务业	29538	2.07
教育	13290	0.93
卫生和社会工作	3798	0.27
文化、体育和娱乐业	29268	2.05

资料来源：根据国家统计局提供的第四次经济普查汇总数据整理。

各省份国家级开发区企业数量的行业分布表现与全国总体的情况基本一致，各省份国家级开发区企业数排名前三的行业也基本集中于批发和零售业、制造业、租赁和商务服务业（见表 4－4）。值得注意的是，科学研究和技术服务业是北京国家级开发区企业数排名第二的行业，体现了北京作为首都的全国科技创新中心地位。党的十八大以来，北京积极响应党中央、国务院大力实施创新驱动发展战略的号召，陆续推出了一系列政策措施，有力地推动了科学研究和技术服务业的快速发展，北京经济技术开发区、中关村科技园区积极拓展服务链条，进一步向专业化、高端化发展，培育了大批高新技术企业，同时也吸引了大批科学研究与技术服务业的企业入驻。①

江苏国家级开发区中制造业企业数量所占比重最大，这也客观反映了江苏作为制造业大省的地位。江苏依托本地强大的制造业产业优势，大力发展制造业类型的企业，截至2018年其制造业规模连续8年保持全国第一，② 因而，制造业是江苏国家级开发区企业最集中的行业。

交通运输、仓储和邮政业是海南国家级开发区企业数量最多的行业。这是因为海南在大力发展海洋产业、热带特色高效农业以及旅游业等支柱产业时，需要交通运输、仓储行业的支撑。

表4－4　各省份国家级开发区企业数排名前三的行业（2018年）

	第1位	第2位	第3位
北京	批发和零售业	科学研究和技术服务业	租赁和商务服务业
天津	批发和零售业	租赁和商务服务业	制造业
河北	批发和零售业	制造业	租赁和商务服务业
山西	批发和零售业	租赁和商务服务业	信息传输、软件和信息技术服务业
内蒙古	批发和零售业	制造业	租赁和商务服务业

① 《科学研究和技术服务业蓬勃发展》，http：//www. beijing. gov. cn/gongkai/shuju/sjjd/202004/t20200421_ 1860398. html。

② 《江苏制造业规模连续8年保持全国第一》，http：//www. cinic. org. cn/xy/js/582528. html。

续表

	第1位	第2位	第3位
辽宁	批发和零售业	制造业	租赁和商务服务业
吉林	批发和零售业	制造业	租赁和商务服务业
黑龙江	批发和零售业	制造业	租赁和商务服务业
上海	批发和零售业	制造业	租赁和商务服务业
江苏	制造业	批发和零售业	租赁和商务服务业
浙江	批发和零售业	制造业	租赁和商务服务业
安徽	批发和零售业	制造业	租赁和商务服务业
福建	批发和零售业	制造业	租赁和商务服务业
江西	批发和零售业	制造业	租赁和商务服务业
山东	批发和零售业	制造业	租赁和商务服务业
河南	批发和零售业	制造业	租赁和商务服务业
湖北	批发和零售业	制造业	建筑业
湖南	批发和零售业	制造业	租赁和商务服务业
广东	批发和零售业	租赁和商务服务业	制造业
广西	批发和零售业	租赁和商务服务业	制造业
海南	交通运输、仓储和邮政业	批发和零售业	租赁和商务服务业
重庆	批发和零售业	租赁和商务服务业	信息传输、软件和信息技术服务业
四川	批发和零售业	租赁和商务服务业	制造业
贵州	批发和零售业	租赁和商务服务业	制造业
云南	批发和零售业	租赁和商务服务业	制造业
西藏	租赁和商务服务业	批发和零售业	科学研究和技术服务业
陕西	批发和零售业	建筑业	租赁和商务服务业
甘肃	批发和零售业	制造业	租赁和商务服务业
青海	批发和零售业	建筑业	制造业

续表

	第1位	第2位	第3位
宁夏	批发和零售业	租赁和商务服务业	建筑业
新疆	批发和零售业	租赁和商务服务业	制造业

资料来源：根据国家统计局提供的第四次经济普查汇总数据整理。

（3）控股分布特点

从国家级开发区企业的控股类型看，绝大多数企业的控股类型为私人控股企业，而其他控股类型的企业则比例较小。其中，私人控股的企业数为1334319个，国有控股的企业数为15837个，外商控股的企业数为15777个，港澳台商控股的企业数为11911个，集体控股的企业数为6858个，其他控股类型的企业数为44612个。私人控股企业占国家级开发区企业总数的93.35%，而其他控股类型的企业数仅占国家级开发区企业总数的6.65%（见表4－5）。

表4－5　**按企业控股类型分国家级开发区企业数（2018年）**

企业类型	企业数（个）	占比（%）
国有控股	15837	1.11
集体控股	6858	0.48
私人控股	1334319	93.35
港澳台商控股	11911	0.83
外商控股	15777	1.10
其他	44612	3.12
合计	1429314	99.99

注：采用四舍五入计算，下同。

资料来源：根据国家统计局提供的第四次经济普查汇总数据整理。

（4）企业规模分布特点

将国家级开发区企业按照规模来划分，小微型企业是国家级开发区企业最主要的组成部分，大中型企业占比较低（见表4－6）。其中，微型企业占国家级开发区企业总数的84.12%，小型企业占比为14.02%，中型企业占比为1.64%，大型企业占比为0.23%。小微型企业数量占国家级开发区企业总数的98.14%，大中型企业占比为1.87%。

表4－6　　国家级开发区企业的规模分布（2018年）①

企业规模类别	企业数（个）	占比（%）
大型	3232	0.23
中型	23014	1.64
小型	196987	14.02
微型	1182298	84.12
合计	1405531	100.00

资料来源：根据国家统计局提供的第四次经济普查汇总数据整理。

随着国家级开发区企业开业（成立）年份的推移，企业平均从业人员数量呈不断减少趋势，这其中体现了国家级开发区中开业（成立）企业的规模日趋下降的态势。开业（成立）企业的平均从业人员数量从2001年的近80人下降到2018年的不足10人（见图4－1）。这一趋势反映了企业技术进步以及企业行业的结构变化，一方面，随着技术的进步，制造业中自动化和机器人在生产过程中的渗透不断深化，产出需要的劳动力也随之下降；另一方面，由于产业结构的升级，服务业等第三产

① 单位规模根据《统计上大中小微型企业划分办法（2017）》的规定计算，根据办法的适用范围，在统计单位规模时，不含以下行业的单位：铁路运输业、金融业、房地产租赁经营、教育、卫生、公共管理、社会保障、社会组织和国际组织。因此，大型、中型、小型和微型企业的合计数小于总企业数。

业企业所占比重上升，这些企业大多属于小微型企业，从业人员数较少。此外，随着2014年“大众创业、万众创新”的提出，近年来涌现了大量小微型企业，也是国家级开发区开业（成立）企业的规模逐年下降的原因。

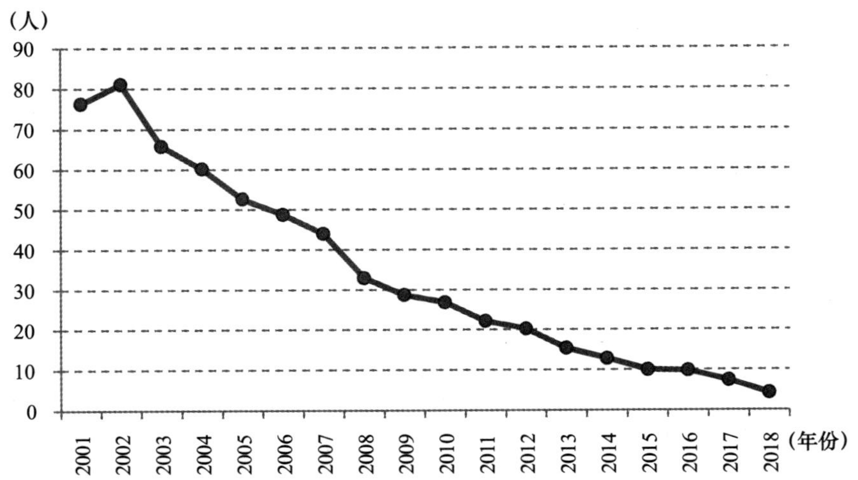

图4-1 国家级开发区企业平均从业人数［按企业开业（成立）年份］

资料来源：根据国家统计局提供的第四次经济普查汇总数据整理。

（5）开业（成立）时间分布特点

从各时间段国家级开发区开业（成立）的企业数量看，21世纪以来开发区开业（成立）的企业数目占企业总数的比重较大，并且随着时间的推移，企业数量增长速度明显加快（见表4-7）。2001—2018年国家级开发区开业（成立）企业有1377979个，占国家级开发区企业总数的96.41%。2016—2018年，开业（成立）的国家级开发区企业数量就达到了国家级开发区企业总数的49.57%，而2011—2015年，开业（成立）的国家级开发区企业数量占比为29.24%。

表 4-7 国家级开发区各时段开业（成立）的企业数

企业开业（成立）时间	企业数（个）	占比（%）
1949 年以前	56	0
1950—1977 年	605	0.04
1978—1991 年	5107	0.36
1992—2000 年	43454	3.04
2001—2005 年	90674	6.34
2006—2010 年	160856	11.25
2011—2015 年	417901	29.24
2016—2018 年	708548	49.57
无开业（成立）年份	2113	0.15
总计	1429314	100

资料来源：根据国家统计局提供的第四次经济普查汇总数据整理。

2001 年国家级开发区开业（成立）的企业有 12886 个，此后逐年上升至 2018 年的 274523 个（见图 4-2）。其中，2001—2012 年增幅较为平缓，年均增长 13.80%；2012—2018 年增速较快，年均增长 31.36%。

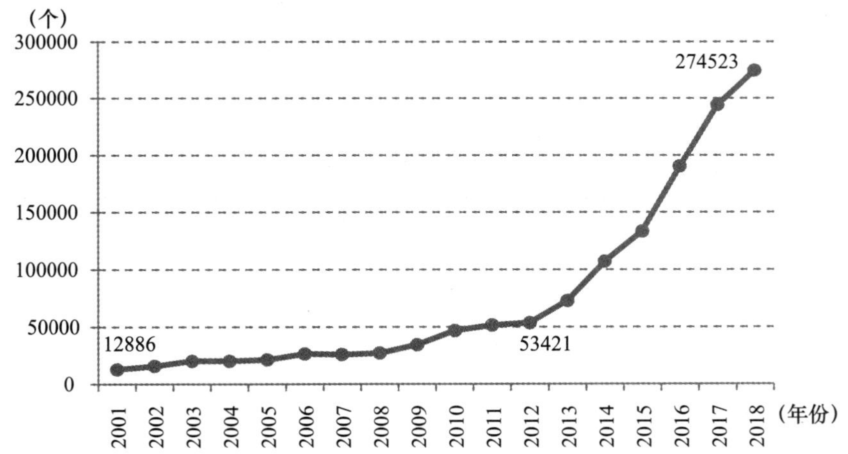

图 4-2 2001—2018 年国家级开发区开业（成立）的企业数

资料来源：根据国家统计局提供的第四次经济普查汇总数据整理。

2. 从业人员分布状况

(1) 区域分布特点

国家级开发区企业从业人员大多集中在东部地区。截至2018年，在国家级开发区中，东部、中部、西部以及东北地区的企业从业人员数分别占总数的66.68%、16.93%、11.20%、5.19%。国家级开发区企业从业人员在各地区的分布状况与国家级开发区企业分布状况相一致，都呈现了“东多西少”的不平衡分布态势。

从国家级开发区企业从业人员在各省份的分布状况看，同样表现出东部地区多、西部地区少的事实特征（见表4-8）。国家级开发区企业从业人员数最多的5个省份依次为：江苏、浙江、山东、广东、湖北，其中前4个均为东部省份，这4个东部省份国家级开发区企业从业人员数占全部国家级开发区企业从业人员数的54.68%。国家级开发区企业从业人员数最少的5个省份依次为：青海、海南、西藏、甘肃、内蒙古，其中4个为西部省份，这4个西部省份国家级开发区企业从业人员数仅占全部国家级开发区企业从业人员数的1.01%。

表4-8 国家级开发区企业从业人员四大区域分布情况（2018年）

区域	从业人员数（人）
东部地区	19312417
中部地区	4902827
西部地区	3242321
东北地区	1504143
合计	28961708

资料来源：根据国家统计局提供的第四次经济普查汇总数据整理。

（2）行业分布特点

从国家级开发区企业从业人员的产业分布看（见表4－9），2018年第二产业中国家级开发区企业从业人员数占比最高，其次是第三产业，最低的是第一产业。国家级开发区企业第二产业从业人员数占国家级开发区企业从业人员总数的66.46%，第三产业从业人员数占比为33.38%，第一产业从业人员数占比为0.16%。

表4－9　　国家级开发区三次产业分布情况（2018年）

产业	从业人员数（人）	占比（%）
第一产业	45909	0.16
第二产业	19247132	66.46
第三产业	9668667	33.38
合计	28961708	100.00

资料来源：根据国家统计局提供的第四次经济普查汇总数据整理。

从国家级开发区企业从业人员具体的行业分布看（见表4－10），国家级开发区企业从业人员数最多的5个行业为：制造业，建筑业，批发和零售业，租赁和商务服务业，交通运输、仓储和邮政业，这些行业均属于第三产业和第二产业，这些行业企业从业人员数占国家级开发区企业从业人员总数的84.89%。国家级开发区企业从业人员数最少的5个行业分别是：金融业，农、林、牧、渔业，卫生和社会工作，教育，水利、环境和公共设施管理业，这些行业企业从业人员数仅占国家级开发区企业从业人员总数的1.49%。

表 4－10　按行业分国家级开发区企业从业人员数（2018 年）

行业	从业人员数（人）	占比（%）
农、林、牧、渔业	45909	0.16
采矿业	266087	0.92
制造业	13951189	48.17
电力、热力、燃气及水生产和供应业	261331	0.90
建筑业	4768525	16.46
批发和零售业	3025675	10.45
交通运输、仓储和邮政业	1190612	4.11
住宿和餐饮业	411708	1.42
信息传输、软件和信息技术服务业	751242	2.59
金融业	33405	0.12
房地产业	897421	3.10
租赁和商务服务业	1649408	5.70
科学研究和技术服务业	893977	3.09
水利、环境和公共设施管理业	156147	0.54
居民服务、修理和其他服务业	306580	1.06
教育	98556	0.34
卫生和社会工作	96934	0.33
文化、体育和娱乐业	157002	0.54
合计	28961708	100.00

资料来源：根据国家统计局提供的第四次经济普查汇总数据整理。

（3）控股分布特点

从国家级开发区企业从业人员所属企业的控股类型看，2018 年绝大多数为国内私人控股企业，国有控股和外商控股企业分列第 2 位、第 3 位（见表 4－11）。私人控股企业从业人员数占国家级开发区企业从业人员总数的 64.86%，国有控股企业从业人员数占国家级开发区企业从业人员总数的 11.63%，外商控股企业从业人员数占国家级开发区企业从业人员总数的10.22%。港澳台商控股企业从业人员数占国家级开发区企业从业人员总数的6.76%，集体控股企业从业人员数占国家级开发区企业从业人员总数的1.59%，其他类型企业从业人员数占国家级开发区企业从业人员总数的4.94%。

表4-11　按企业控股类型分国家级开发区从业人员数占比（2018年）

企业类型	占比（%）
国有控股	11.63
集体控股	1.59
私人控股	64.86
港澳台商控股	6.76
外商控股	10.22
其他	4.94
合计	100.00

资料来源：根据国家统计局提供的第四次经济普查汇总数据整理。

3. 企业运营状况

从国家级开发区企业运营状况来看，2018年国家级开发区中绝大多数企业正常运营，但停业（歇业）及关闭、破产、吊销等企业约占10%（见表4-12）。2018年，国家级开发区企业中正常运营的企业数，占到国家级开发区企业总数的80.78%。筹建的企业数占比为7.21%，当年注销的企业数占比为1.28%，其他运营状况的企业数占比为1.28%，当年关闭的企业数占比为0.74%，当年破产的企业数占比为0.04%，值得关注的是，处于停业（歇业）状态的企业数占比高达8.53%，这类企业需要重点关注，根据其停业（歇业）的原因来判断其是否属于“僵尸企业”。

表4－12　　国家级开发区企业运营状况总体情况（2018年）

运营状况	占比（%）
正常运营	80.78
停业（歇业）	8.53
筹建	7.21
当年关闭	0.74
当年破产	0.04
当年注销	1.28
当年吊销	0.13
其他	1.28
合计	100.00

资料来源：根据国家统计局提供的第四次经济普查汇总数据整理。

从各省份国家级开发区企业运营状况来看，2018年总体上各省份国家级开发区的绝大多数企业都保持正常运行，少部分企业在运营的过程中遇到了问题。其中正常运营企业数占比最高的5个省份分别是：宁夏、海南、上海、甘肃、江西，正常运营企业数占比最低的5个省份分别是：内蒙古、广西、河北、辽宁、新疆。停业（歇业）企业数占比最高的5个省份分别是：内蒙古、辽宁、河北、新疆、云南，停业（歇业）企业数占比最低的5个省份分别是：上海、宁夏、贵州、海南、天津，筹建企业数占比最高的5个省份分别是：广东、广西、福建、贵州、山西，筹建企业数占比最低的5个省份分别是：海南、宁夏、甘肃、上海、江西。关闭、破产、注销、吊销及其他的企业数占比最高的5个省份分别是：天津、吉林、湖南、青海、河北，关闭、破产、注销、吊销及其他的企业数占比最低的5个省份分别是：北京、上海、海南、西藏、山西。

五　国家级经济技术开发区发展状况

（一）经济发展

1. 地区生产总值

（1）GDP 总量

从国家级经济技术开发区地区生产总值的地区分布看，国家级经济技术开发区生产总值呈现“东高西低”的不平衡态势。2018 年，东部地区国家级经济技术开发区生产总值占全部国家级经济技术开发区生产总值的 62.70%，中部地区国家级经济技术开发区生产总值占全部国家级经济技术开发区生产总值的 17.17%，西部地区国家级经济技术开发区生产总值占全部国家级经济技术开发区生产总值的 13.04%，东北地区国家级经济技术开发区生产总值占全部国家级经济技术开发区生产总值的 7.09%。

从 GDP 增速看，全国及四大区域的国家级经济技术开发区生产总值都得到稳步提升。全国国家级经济技术开发区生产总值名义增长率为 13.85%，东部地区国家级经济技术开发区生产总值名义增长率为 15.09%，中部地区国家级经济技术开发区生产总值名义增长率为 13.16%，西部地区国家级经济技术开发区生产总值名义增长率为 10.20%，东北地区国家级经济技术开发区生产总值名义增长率为 11.68%。

（2）GDP 结构

从国家级经济技术开发区三次产业增加值看，三次产业中第二产业增加值最高，其次是第三产业，最后是第一产业，这也正符合中国为引进外资大力发展先进制造业而建设国家级开发区的初衷。

从国家级经济技术开发区三次产业增加值来看，三次产业依旧有着“二三一”的层次特点。2018 年，国家级经济技术开发区第一产业增加值总计 4733.45 亿元，第二产业增加值总计 64763.31 亿元，第三产业增加值总计 32527.38 亿元。

2018 年，全国及各地区第二、第三产业的名义增加值均增长较快。全国国家级经济技术开发区第二产业增加值名义增速 9.64%，第三产业增加值名义增速 13.22%。其中，东部地区国家级经济技术开发区第二产业增加值名义增速 8.49%，第三产业增加值名义增速 12.98%。中部地区国家级经济技术开发区第二产业增加值名义增速 11.99%，第三产业增加值名义增速 17.06%。西部地区国家级经济技术开发区第二产业增加值名义增速 10.78%，第三产业增加值名义增速 12.79%。东北地区国家级经济技术开发区第二产业增加值名义增速 10.70%，第三产业增加值名义增速 9.76%。

全国以及各地区的国家级经济技术开发区产业结构都呈现出“二三一”的特点。从全国国家级开发区产业结构来看，2018 年，国家级经济技术开发区中第二产业占 GDP 的比重为 68.05%，第三产业占比为 28.74%，第一产业占比为 3.20%。

分区域看，2018 年，东部地区国家级经济技术开发区中第二产业占本地区 GDP 的比重为 60.13%，第三产业占比为 33.98%，第一产业占比为 5.90%。中部地区国家级经济开发区中第二产业占本地区 GDP 的比重为 73.45%，第三产业占比为 24.97%，第一产业占比为 1.58%。西部地区国家级经济技术开发区中第二产业占本地区 GDP 的比重为 60.57%，第三产业占比为28.74%，第一产业占比为3.57%。东北地区国家级经济技术开发区中第二产业占本地区GDP的比重为63.48%，第三产业占比为31.88%，第一产业占比为4.64%。

从GDP排名看，GDP排名前十的国家级经济技术开发区大多集中在中国东部地区，并且东部地区各开发区的GDP之和占全国国家级经济技术开发区GDP的比重较大。2018年，GDP排名前十的国家级经济技术开发区中（见表5-1），除武汉经济技术开发区外，其他的国家级经济技术开发区均位于东部地区。排名前十的国家级经济开发区GDP之和为21093.3亿元，占全国国家级经济技术开发区GDP的20.67%。

表5-1　2018年地区生产总值排名前十的国家级经济技术开发区

名称	GDP（亿元）
平湖经济技术开发区	3328.50
广州经济技术开发区	2795.39
苏州工业园区	2570.27
天津经济技术开发区	2415.57
青岛经济技术开发区	2291.77
昆山经济技术开发区	1750.28
北京经济技术开发区	1509.48
武汉经济技术开发区	1487.97
烟台经济技术开发区	1485.66
广州南沙经济技术开发区	1458.41

资料来源：《中国商务年鉴》（2019）。

各省份国家级经济技术开发区GDP的分布情况依旧延续了“东高西低”的态势。2018年，国家级经济技术开发区GDP最高的5个省份分别是：江苏、浙江、山东、广东、湖北，其中4个省份位于东部地区，这4个省份的GDP占全国国家级经济技术开发区 GDP 的 49.17%。国家级经济技术开发区 GDP 最低的 5 个省份分别是：西藏、海南、青海、宁夏、广西，其中 4 个省份位于西部地区，这 5 个省份的 GDP 占全国国家级经济技术开发区 GDP 的 1.40%。

2018 年国家级经济技术开发区 GDP 增速最快的 5 个省份分别为：浙江（46.71%）、吉林（30.56%）、新疆（26.32%）、山西（16.96%）、青海（15.33%），它们的增速均超过 15%。国家级经济技术开发区 GDP 增速最慢的 5 个省份分别为：广西（-25.46%）、海南（-0.91%）、甘肃（2.75%）、天津（3.42%）、辽宁（5.28%），其中，广西与海南的国家级经济技术开发区 GDP 增速呈现了负增长。

2. 财政税收

（1）财政收入

从国家级经济技术开发区财政收入的地区分布看，国家级经济技术开发区财政收入的分布状况与各地开发区的 GDP 分布特征相符，同样呈现出“东高西低”的特征。2018 年，东部地区国家级经济技术开发区财政收入占国家级经济技术开发区财政收入总额的 66.47%，中部地区国家级经济技术开发区财政收入占国家级经济技术开发区财政收入总额的 16.35%，西部地区国家级经济技术开发区财政收入占国家级经济技术开发区财政收入总额的 10.73%，东北地区国家级经济技术开发区财政收入占国家级经济技术开发区财政收入总额的 6.45%。

2018 年，全国国家级经济技术开发区财政收入名义增长率为 7.70%，东部地区国家级经济技术开发区财政收入名义增长率为 5.18%，中部地区国家级经济技术开发区财政收入名义增长率为 15.29%，西部地区国家级经济技术开发区财政收入名义增长率为 6.69%，东北地区国家级经济技术开发区财政收入名义增长率为 19.09%。

从财政收入占 GDP 的比重看，全国及各地区财政收入占 GDP 的比重大体集中在 15%—22% 的范围内。2018 年，全国国家级经济技术开发区财政收入占全国 GDP 的 19.00%，东部地区国家级经济技术开发区财政收入占本地区 GDP 的 20.15%，中部地区国家级经济技术开发区财政收入占本地区 GDP 的 18.09%，西部地区国家级经济技术开发区财政收入占本地区 GDP 的 15.64%，东北地区国家级经济技术开发区财政收入占本地区 GDP 的 17.28%。

从财政收入排名看，财政收入排名前十的国家级经济技术开发区大多集中在中国东部经济较发达地区，并且这些国家级经济技术开发区财政收入之和占国家级经济技术开发区财政收入总额的比重较大。2018 年，财政收入排名前十的国家级经济技术开发区中（见表 5-2），除武汉临空港经济技术开发区和武汉经济技术开发区外，其他的国家级经济技术开发区均位于中国东部地区。排名前十的国家级经济开发区的财政收入为 5504.44 亿元，占国家级经济技术开发区财政收入总额的 28.39%。

表 5-2　2018 年财政收入排名前十的国家级经济技术开发区

名称	排名
广州经济技术开发区	1
苏州工业园区	2
北京经济技术开发区	3
天津经济技术开发区	4
宁波经济技术开发区	5
武汉临空港经济技术开发区	6
武汉经济技术开发区	7
惠州大亚湾经济技术开发区	8
青岛经济技术开发区	9
烟台经济技术开发区	10

资料来源：根据《中国商务年鉴》（2019）中的数据整理。

进一步从各省份国家级经济技术开发区的财政收入看，同样表现出东部地区多、西部地区少的事实特征，这与各省份国家级经济技术开发区 GDP 的分布情况保持一致。国家级经济技术开发区财政收入最高的 5 个省份依次是：江苏、浙江、广东、山东、湖北，其中前4 个均为东部省份，这4 个东部省份的国家级经济技术开发区财政收入总额占全部国家级经济技术开发区财政收入总额的 52.21%。国家级经济技术开发区财政收入最低的 5 个省份依次为：西藏、内蒙古、宁夏、青海、甘肃，全部为西部省份，这 5 个西部省份国家级经济技术开发区的财政收入总额仅占全部国家级经济技术开发区财政收入总额的 1.55%。

（2）税收收入

从税收收入的地区分布来看，国家级经济技术开发区税收收入的分布依旧呈现"东高西低"的态势。2018 年，东部地区国家级经济技术开发区税收收入占国家级经济技术开发区税收收入总值的 66.24%，中部地区国家级经济技术开发区税收收入占国家级经济技术开发区税收收入总值的 15.07%，西部地区国家级经济技术开发区税收收入占国家级经济技术开发区税收收入总值的 11.77%，东北地区国家级经济技术开发区税收收入占国家级经济技术开发区税收收入总值的 6.92%。

2018 年，全国及各个地区的国家级经济技术开发区税收收入均保持平稳较快增长，且各地区增速差异较小。全国国家级经济技术开发区税收收入总值名义增长率达 10.14%，东部地区国家级经济技术开发区税收收入名义增长率达 8.48%，中部地区国家级经济技术开发区税收收入名义增长率达 13.99%，西部地区国家级经济技术开发区税收收入名义增长率达 10.60%，东北地区国家级经济技术开发区税收收入名义增长率达 17.94%。

从税收收入占财政收入的比重看，2017—2018 年全国及各地区税收收入占财政收入的比重都保持近 90%，体现了税收收入是财政收入的主要来源。2018 年，全国国家级经济技术开发区税收收入占全国财政收入的 89.64%，东部地区国家级经济技术开发区税收收入占本地区财政收入的 89.33%，中部地区国家级经济技术开发区税收收入占本地区财政收入的 82.66%，西部地区国家级经济技术开发区税收收入占本地区财政收入的 98.32%，东北地区国家级经济技术开发区税收收入占本地区财政收入的 96.13%。

从税收收入排名看，税收收入排名前十的国家级经济技术开发区大多集中在中国东部经济发达地区，并且这些国家级经济技术开发区税收收入总额占全部国家级经济技术开发区税收收入总额的比重较大。2018 年，在税收收入排名前十的国家级经济技术开发区中（见表 5-3），除武汉经济技术开发区外，其他的国家级经济开发区均位于中国东部地区。排名前十的国家级经济开发区税收收入总额占全部国家级经济技术开发区税收收入总额的 23.31%。

表 5-3　　2018 年税收收入排名前十的国家级经济技术开发区

	排名
苏州工业园区	1
广州经济技术开发区	2
北京经济技术开发区	3
天津经济技术开发区	4
上海金桥经济技术开发区	5
青岛经济技术开发区	6
成都经济技术开发区	7
宁波经济技术开发区	8

续表

	排名
武汉经济技术开发区	9
江宁经济技术开发区	10

资料来源：根据《中国商务年鉴》（2019）中的数据整理。

从各省份国家级经济技术开发区的税收收入上看，表现出东部地区多、西部地区少的特点。国家级经济技术开发区税收收入最高的5个省份依次是：江苏、浙江、广东、山东、上海，全部为东部省份，这5个东部省份的国家级经济技术开发区税收收入总额占全部国家级经济技术开发区税收收入总额的52.82%。国家级经济技术开发区税收收入最低的5个省份依次为：内蒙古、宁夏、青海、西藏、重庆，这5个省份位于中国西部地区，这5个省份国家级经济技术开发区的税收收入总额仅占全部国家级经济技术开发区税收收入总额的1.78%。

3. 对外贸易

从出口总额的地区分布来看，国家级经济技术开发区出口总额的分布呈现“东高西低”的态势。2018年，东部地区国家级经济技术开发区出口总额占全部国家级经济技术开发区出口总额的85.12%，中部地区国家级经济技术开发区出口总额占全部国家级经济技术开发区出口总额的8.50%，西部地区国家级经济技术开发区出口总额占全部国家级经济技术开发区出口总额的3.21%，东北地区国家级经济技术开发区出口总额占全部国家级经济技术开发区出口总额的3.16%。

2018年，全国及东部地区国家级经济技术开发区出口总额稳步上涨，中西部地区国家级经济技术开发区出口总额快速上涨。全国国家级经济技术开发区出口总额名义增长率达9.83%，东部地区国家级经济技术开发区出口总额名义增长率达8.56%，中部地区国家级经济技术开发区出口总额名义增长率达20.72%，西部地区国家级经济技术开发区出口总额名义增长率达21.03%，东北地区国家级经济技术开发区出口总额名义增长率达7.39%。

从进口总额的地区分布来看，国家级经济技术开发区进口额的分布呈现“东高西低”的态势。2018年，东部地区国家级经济技术开发区进口总额占全部国家级经济技术开发区进口总额的81.34%，中部地区国家级经济技术开发区进口总额占全部国家级经济技术开发区进口总额的7.16%，西部地区国家级经济技术开发区进口总额占全部国家级经济技术开发区进口总额的3.16%，东北地区国家级经济技术开发区进口总额占全部国家级经济技术开发区进口总额的8.34%。

2018年，全国及四大区域国家级经济技术开发区进口总额稳步增加，其中，中部地区及东北部地区国家级经济技术开发区进口总额增速较高。全国国家级经济技术开发区进口总额名义增长率达11.92%，东部地区国家级经济技术开发区进口总额名义增长率达10.20%，中部地区国家级经济技术开发区进口总额名义增长率达23.78%，西部地区国家级经济技术开发区进口总额名义增长率达5.60%，东北地区国家级经济技术开发区进口总额名义增长率达23.43%。

进一步，从各省份国家级经济技术开发区进出口状况来看，国家级经济技术开发区进出口份额状况呈现“东高西低”的不平衡态势。其中，国家级经济技术开发区中出口总额最高的5个省份分别是：江苏、浙江、广东、山东、天津，全部位于中国东部地区，这5个省份的出口总额占全国国家级经济技术开发区出口总额的75.07%。出口总额最低的5个省份分别是：西藏、贵州、青海、甘肃、宁夏，全部位于中国西部地区，这5个省份的出口总额仅占全国国家级经济技术开发区出口总额的0.15%。

各省份国家级经济技术开发区中，进口总额最高的5个省份分别是：江苏、广东、浙江、山东、辽宁，全部位于中国东部地区，这5个省份的进口总额占全国国家级经济技术开发区进口总额的68.03%。进口总额最低的5个省份分别是：贵州、青海、内蒙古、西藏、宁夏，全部位于中国西部地区，这5个省份的进口总额仅占全国国家级经济技术开发区进口总额的0.18%。

各省份国家级经济技术开发区中，进出口总额最高的5个省份分别是：江苏、浙江、广东、山东、天津，全部位于中国东部地区，这5个省份的进出口总额占全国国家级经济技术开发区进出口总额的71.69%。进出口总额最低的5个省份分别是：贵州、西藏、青海、宁夏、内蒙古，全部位于中国西部地区，这5个省份的进出口总额仅占全国国家级经济技术开发区进出口总额的0.18%。

各省份国家级经济技术开发区中，有11个省份的国家级经济技术开发区贸易差额为负，这些省份分别是广东、天津、上海、辽宁、北京、河北、吉林、黑龙江、广西、甘肃、西藏。各省份国家级经济技术开发区中，贸易差额最高的5个省份分别是：江苏、浙江、福建、江西、新疆，贸易差额最低的5个省份分别是：辽宁、河北、北京、吉林、广东。

2018年，出口总额排名前十的国家级经济技术开发区均位于中国东部经济发达地区（见表5－4），并且这些国家级经济技术开发区出口总额占全国国家级经济技术开发区出口总额的比重较大。排名前十的国家级经济技术开发区的出口总额为13943.75亿元，占全国国家级经济技术开发区出口总额的40.88%。

表5－4　　2018年出口总额排名前十的国家级经济技术开发区

	排名
苏州工业园区	1
昆山经济技术开发区	2

续表

	排名
天津经济技术开发区	3
广州经济技术开发区	4
广州南沙经济技术开发区	5
苏州浒墅关经济技术开发区	6
烟台经济技术开发区	7
宁波经济技术开发区	8
张家港经济技术开发区	9
吴江经济技术开发区	10

注：剔除了缺失数据的国家级经济技术开发区。

资料来源：根据《中国商务年鉴》（2019）中的数据整理。

4. 利用外资

从实际利用外资数额的地区分布看，国家级经济技术开发区实际利用外资数额的分布呈现“东高西低”的态势。2018年，东部地区国家级经济技术开发区实际利用外资数额占国家级经济技术开发区实际利用外资总额的56.10%，中部地区国家级经济技术开发区实际利用外资数额占国家级经济技术开发区实际利用外资总额的25.49%，西部地区国家级经济技术开发区实际利用外资数额占国家级经济技术开发区实际利用外资总额的10.40%，东北地区国家级经济技术开发区实际利用外资数额占国家级经济技术开发区实际利用外资总额的8.01%。

除东部地区国家级经济技术开发区实际利用外资数额相比2017年有小幅回落外，其他地区国家级经济技术开发区实际利用外资数额均呈增长趋势。从2017—2018年，全国国家级经济技术开发区实际利用外资名义增长率达5.65%，东部地区国家级经济技术开发区实际利用外资名义增长率达-0.21%，中部地区国家级经济技术开发区实际利用外资名义增长率达11.11%，西部地区国家级经济技术开发区实际利用外资名义增长率达15.87%，东北地区国家级经济技术开发区实际利用外资名义增长率达22.97%。

从实际利用外资数额排名看，实际利用外资数额排名前十的国家级经济技术开发区大多集中在东部地区，并且这些国家级经济技术开发区实际利用外资总额占国家级经济技术开发区实际利用外资总额的比重较大。2018 年，实际利用外资数额排名前十的国家级经济技术开发区中（见表5－5），除哈尔滨经济技术开发区和武汉经济技术开发区外，其他的国家级经济技术开发区均位于中国东部地区。排名前十的国家级经济技术开发区实际利用外资数额为137.25 亿元，占国家级经济技术开发区实际利用外资总额的23.31%。

表5－5　2018 年利用外资数额排名前十的国家级经济技术开发区

	排名
广州经济技术开发区	1
武汉经济技术开发区	2
西安经济技术开发区	3
哈尔滨经济技术开发区	4
青岛经济技术开发区	5
嘉兴经济技术开发区	6
天津经济技术开发区	7
大连经济技术开发区	8
苏州工业园区	9
宁波经济技术开发区	10

资料来源：根据《中国商务年鉴》（2019）中的数据整理。

从各省份国家级经济技术开发区实际利用外资的情况来看，同样表现出“东高西低”的区位特点。国家级经济技术开发区中实际利用外资数额排名前五的省份依次是：江苏、浙江、广东、山东、安徽，其中有4 个省份位于中国东部地区，这4 个东部省份的国家级经济技术开发区实际利用外资数额占国家级经济技术开发区实际利用外资总额的51.86%。国家级经济技术开发区利用外资数额最低的5个省份依次为：西藏、宁夏、青海、甘肃、海南，其中有4个省份位于中国西部地区，这4个省份的国家级经济技术开发区的实际利用外资数额仅占国家级经济技术开发区实际利用外资总额的0.24%。

（二）重点产业

1. 规模以上工业总产值的行业分布

从规模以上工业总产值各行业情况来看，国家级经济技术开发区所属行业大多属于第二产业中的制造业。这正符合中国为引进外资、引进先进制造业而设立国家级开发区的初衷。其中，国家级经济技术开发区行业产值最高的5个产业是：汽车制造业，计算机、通信和其他电子设备制造业，电气机械和器材制造业，化学原料和化学制品制造业，有色金属冶炼和压延加工业。国家级经济技术开发区行业产值最低的5个产业是：其他采矿业，黑色金属矿采选业，金属制品、机械和设备修理业，非金属矿采选业、开采辅助活动。

2. 重点工业产品产量情况

2017—2018年，大部分国家级经济技术开发区重点工业产品产量有所提升，只有少量产品产量有所回落。国家级经济技术开发区重点工业产品产量中增速最快的5个产品门类为：中成药（715.59%）、服务器（449.21%）、乙烯（96.31%）、集成电路圆片（68.65%）、移动通信基站设备（44.63%）。其中，中成药与服务器的产量实现了数倍的增长。国家级经济技术开发区重点工业产品产量中增速最低的5个产品门类为：液晶显示模组（-20.06%）、移动通信手持机（手机）

（-11.67%）、电子计算机整机（-9.98%）、太阳能电池（-3.20%）、笔记本计算机（2.08%），其中4个产品门类的产量出现了负增长。

2018年出现产品产量负增长的行业大多是与电子产品相关的行业。中国是液晶电视、电脑、智能手机等消费电子产品的生产、消费大国，根据中国电子信息行业联合会《2017年电子信息行业运行报告》，2017年中国电子制造业实现收入13万亿元。在硬件产品制造方面，部分消费电子产品市场需求规模已为全球第一。不过，近两年由于消费电子产品的增长速度放缓，导致如手机、电脑以及液晶显示器行业的需求增长随之放缓。因此，中国国家级经济技术开发区中与电子汽配相关的产业的产品产量增速有所下降。

六　国家高新技术产业开发区发展状况

（一）基本情况

1. 企业数

自1984年设立首批国家级经济技术开发区以来，中国各类开发区发展迅速，成为推动中国工业化、城镇化快速发展和对外开放的重要平台，对促进体制改革、改善投资环境、引导产业集聚、发展开放型经济发挥了不可替代的作用。其中，高新技术产业开发区的建设与发展是一个耀眼的亮点，其已然成为当地经济增长快、投资回报率高、创新能力强、具有极大发展前景的经济增长点。根据国家发改委发布的2018年版《中国开发区审核公告目录》显示，[①] 截至2018年，国家高新技术产业开发区（以下简称国家高新区）数为156个，而各国家高新区的企业数分布跨度较大，从100个以下至5000个以上不等（见表6－1）。其中，国家高新区企业数多集中在600个以下，合计占比超过75%，而企业数在600个以上的国家高新区数量（除企业数为1001—2000个的有14个外）均为个位数，说明目前国家高新区的企业数仍相对较少，且随企业数增加，国家高新区的数量呈现逐渐递减的趋势。

---

① 《中国开发区审核公告目录（2018年版）》，https：//www. ndrc. gov. cn/xxgk/zcfb/gg/201803/W020190905485789879419. pdfl。

表 6－1　　国家高新区企业数统计（2018 年）　　单位：个

企业数	国家高新区数
5000 以上	2
4001—5000	3
3001—4000	2
2001—3000	3
1001—2000	14
801—1000	7
601—800	7
401—600	23
201—400	44
101—200	32
100 以下	19
合计	156

资料来源：根据科技部提供的国家高新区数据整理。

具体来看，企业数最多的 10 个国家高新区为：中关村科技园区、上海张江高新技术产业开发区、广州高新技术产业开发区、西安高新技术产业开发区、天津滨海高新技术产业开发区、深圳市高新技术产业园区、武汉东湖新技术开发区、成都高新技术产业开发区、南京高新技术产业开发区、杭州高新技术产业开发区。这 10 个国家高新区所在区域中，东部地区占 7 个、西部地区占 2 个、中部地区占 1 个。中关村科技园区以 22110 个的企业数在国家高新区中遥遥领先，见表 6－2。

表 6－2　　企业数最多的 10 个国家高新区（2018 年）

	所在省份	所在区域	企业数（个）
中关村科技园区	北京	东部	22110
上海张江高新技术产业开发区	上海	东部	6012

续表

	所在省份	所在区域	企业数（个）
广州高新技术产业开发区	广东	东部	4445
西安高新技术产业开发区	陕西	西部	4312
天津滨海高新技术产业开发区	天津	东部	4251
深圳市高新技术产业园区	广东	东部	3794
武汉东湖新技术开发区	湖北	中部	3235
成都高新技术产业开发区	四川	西部	2168
南京高新技术产业开发区	江苏	东部	2085
杭州高新技术产业开发区	浙江	东部	2084
合计			54496

资料来源：根据科技部提供的高新科技产业开发区数据整理。

从中国四大经济区的分布来看（见表6－3），东部地区的国家高新区的企业数最多，中部地区和西部地区次之，东北地区最少。

表6－3　**四大区域国家高新技术产业开发区的企业数（2018年）**

区域	企业数（个）
东部地区	72957
中部地区	19264
西部地区	17082
东北地区	5928

资料来源：根据科技部提供的高新科技产业开发区数据整理。

从省份分布来看，国家高新区的企业数排在前十位的省份依次是：北京、广东、江苏、湖北、上海、陕西、山东、浙江、天津、河南，东部地区7个、西部地区2个、中部地区1个。这说明东部地区以其优越的地理位置、交通、气候等方面的优势主导着国家高新区的企业数量水平。国家高新区的企业数排在后五位的省份依次是：内蒙古、云南、海南、宁夏、青海，除海南属于沿海地区外，均分布在西部内陆地区。西部地区不但国家高新区数量较少，而且国家高新区的企业数量也少。

2. 从业人员数

从业人员数反映了各单位实际参加生产或工作的全部劳动力，国家高新区的从业人数也是衡量其规模大小的一个重要指标。2018 年，从业人员数在 10000 人以下的国家高新区有 3 个，在 1000000 人以上的国家高新区有 2 个。从业人员数在 10001—30000 人的国家高新区最多，达到 33 个；其次为 30001—50000 人、50001—70000 人，各为 24 个，合计占比超过 50%（见表 6－4）。

表 6－4　　国家高新区从业人员数统计（2018 年）

从业人员数（人）	国家高新区数（个）
1000000 以上	2
400001—1000000	4
250001—400000	9
200001—250000	7
150001—200000	12
120001—150000	8
100001—120000	14
70001—100000	16
50001—70000	24
30001—50000	24
10001—30000	33
10000 以下	3
合计	156

资料来源：根据科技部提供的国家高新区数据整理。

具体来看，2018 年从业人员数最多的 10 个国家高新区为：中关村科技园区、上海张江高新技术产业开发区、深圳市高新技术产业园区、广州高新技术产业开发区、武汉东湖新技术开发区、西安高新技术产业开发区、成都高新技术产业开发区、杭州高新技术产业开发区、佛山高新技术产业开发区、长沙高新技术产业开发区，见表 6 -5。这些国家高新区所在区域中，东部地区占6 个，西部地区占2 个，中部地区占2 个。中关村科技园区和上海张江高新技术产业开发区从业人员数位居国家高新区从业人员数前两名。

表6 -5 **从业人员数最多的10 个国家高新技术产业开发区**（2018 年）

开发区名称	所在省份	所在区域	从业人数（人）
中关村科技园区	北京	东部地区	2720575
上海张江高新技术产业开发区	上海	东部地区	1143450
深圳市高新技术产业园区	广东	东部地区	762455
广州高新技术产业开发区	广东	东部地区	669540
武汉东湖新技术开发区	湖北	中部地区	565641
西安高新技术产业开发区	陕西	西部地区	529887
成都高新技术产业开发区	四川	西部地区	396449
杭州高新技术产业开发区	浙江	东部地区	370393
佛山高新技术产业开发区	广东	东部地区	351983
长沙高新技术产业开发区	湖南	中部地区	342171
合计			7852544

资料来源：根据科技部提供的高新科技产业开发区数据整理。

从中国四大经济区的分布来看（见表6 -6），东部地区的国家高新区从业人员数最多，中部地区和西部地区次之，东北地区最少。

表6-6 四大区域国家高新技术产业开发区的从业人员数（2018年）

区域	从业人员数（人）
东部地区	12148519
中部地区	3786933
西部地区	3329440
东北地区	1010076
合计	20274968

资料来源：根据科技部提供的高新科技产业开发区数据整理。

从省份分布来看，国家高新区从业人员数排在前十位的省份依次是：广东、北京、江苏、湖北、山东、上海、浙江、陕西、湖南、四川，与国家高新区企业数分布大致趋同，其中东部地区占6个、西部地区占2个、中部地区占2个。国家高新区从业人员数排在后五位的省份依次是：内蒙古、云南、海南、宁夏、青海，与国家高新区企业数排序完全相同，这些省份不但国家高新区企业数量少，而且企业从业人员数量也相应较少。

（二）经济发展

1. 总产值

总产值是指物质生产部门的常住单位在一定时期内生产的货物和服务的价值总和，反映物质生产部门生产经营活动的价值成果。国家高新区的总产值是其开发区内全体企业劳动成果的价值量表现，是综合反映国家高新区在一定时期内生产的总规模和总水平的重要指标。从省份分布来看，2018年国家高新区总产值分布不均，从广东的32199亿元到青海的99亿元，表明各省份存在较大差异。总产值10000亿元以上的第一梯队省份（8个）依次是：广东、江苏、山东、湖北、陕西、上海、北京、浙江；介于5000亿—10000亿元之间的第二梯队省份（7

个）依次是：湖南、四川、福建、安徽、江西、吉林、广西；介于1000亿—5000亿元之间的第三梯队省份（11个）依次是：河南、辽宁、重庆、河北、黑龙江、山西、云南、天津、贵州、甘肃、内蒙古；低于1000亿元的第四梯队省份（4个）依次为：新疆、海南、宁夏、青海。

2. 营业收入

2018年，有10个省份的国家高新区营业收入超过1亿万元，这些省份的国家高新区营业收入占国家高新区营业总收入的74.41%；其中北京和广东的国家高新区营业收入约占国家高新区营业总收入的30.00%。

从销售收入占营业收入的比重来看，青海的国家高新区最高，销售收入占营业收入的98.51%；新疆的国家高新区最低，销售收入占比为23.90%，各省份国家高新区平均值为78.36%。从技术收入占营业收入的比重来看，北京、上海和湖北的国家高新区最高，分别为18.99%、17.06%和16.57%；宁夏和青海的国家高新区最低，技术收入占比只有0.07%和0.74%，各省份国家高新区平均值为8.40%。

其中，营业收入排名前十位的国家高新区依次是：中关村科技园区、上海张江高新技术产业开发区、深圳市高新技术产业园区、武汉东湖新技术开发区、西安高新技术产业开发区、广州高新技术产业开发区、杭州高新技术产业开发区、成都高新技术产业开发区、南京高新技术产业开发区、长春高新技术产业开发区。中关村科技园区以588308988.20万元的营业收入在国家高新区中遥遥领先，营业收入超过1亿万元的国家高新区6家。

从中国四大经济区的分布来看，东部地区的国家高新区的营业收入最高，中部地区和东北地区次之，西部地区最低。

3. 净利润

2018 年各省份国家高新区净利润最高的为北京，其次是广东，再次是上海。净利润最低的为宁夏，净利润超过 1000 亿元的有 8 个省份，超过 100 亿元而低于 1000 亿元的有 18 个省份。

净利润排名前十位的国家高新区净利润合计超过国家高新区净利润总和的一半。中关村科技园区、上海张江高新技术产业开发区净利润最高，二者合计占比约为排名前十位的国家高新区的一半。

4. 实缴税费

2018 年全国各省份国家高新区的实缴税费的总额为 181142612.71 万元，其中排名前十位的为北京、广东、江苏、上海、陕西、山东、湖北、浙江、吉林、安徽；排名后五位的是贵州、内蒙古、山西、海南、宁夏。

实缴税费排名前十位的国家高新区实缴税费合计占国家高新区实缴税费总额的 47.42%，其中实缴税费最多的是中关村科技园区。

5. 出口额

2018 年，广东的国家高新区出口额居首位，江苏紧随其后，再次是上海，为 25703434.15 万元，三者占国家高新区出口总额的比重为 48.54%，出口额最低的是青海。

在出口创汇方面，上海张江高新技术产业开发区以 24825090.78 万元的出口额领跑各国家高新区，其次是中关村科技园区、成都高新技术产业开发区、苏州高新技术产业开发区。深圳市高新技术产业园区、东莞松山湖高新技术产业开发区、惠州仲恺高新技术产业开发区、广州高新技术产业开发区出口额分列第七名至第十名，在出口额排名前十位的国家高新区中，广东合计贡献约1/3。

从四大经济区域的分布来看，2018年，在国家高新区各项主要经济指标中东部地区表现最为突出，东部地区66个国家高新区的各项主要经济指标均占到全部国家高新区的一半以上。其中，最高的为出口额，占比达70.61%；最低的为总产值，占比为56.19%。中部地区和西部地区的国家高新区表现基本持平，总产值、营业收入、净利润、实缴税费、出口额占比均处于10%—20%的区间内。东北地区的国家高新区各项主要经济指标占比最低，出口额指标仅占2.51%，实缴税费占比为8.13%，总产值占比为6.05%，净利润占比为5.70%，营业收入税费占比为5.16%。

七　国家级开发区发展存在的问题

国家级开发区是中国经济增长的重要引擎，在促进体制改革、改善投资环境、引导产业集聚、发展开放型经济等方面发挥了不可替代的作用，但国家级开发区的发展也参差不齐，存在一些问题，这些问题制约了新发展阶段国家级开发区应有功能的发挥。

（一）数量区域分布不平衡

随着各地国家级开发区的开区扩容，园区数量快速增长，空间集聚性减弱。从空间布局看，国家级开发区主要位于东部地区，呈现明显的“东强西弱”特征。552 个国家级开发区中，东部地区 258 个（46.74%），中部地区 107 个（19.38%），西部地区 131 个（23.73%），东北地区 56 个（10.14%）。批复设立的面积共 532219.87 公顷，其中，东部占比为 53.77%，中部占比为 15.74%，西部占比为 21.37%，东北地区占比为 9.12%。从国家级开发区企业数量的空间分布看，国家级开发区企业绝大部分位于东部和中部地区的国家级开发区，东部、中部、西部和东北地区国家级开发区企业数分别占全部国家级开发区企业数的 68.47%、14.08%、11.05%、6.40%。

（二）经济发展不平衡，发展质量差异大

由于各地区的资源条件、区位特征以及国家级开发区的经营模式等各不相同，不同地区国家级开发区的发展水平存在明显差异。总体上看，东部地区的国家级开发区特别是国家级经济技术开发区因起步较早、地理位置优越，不仅在数量、总体经济规模上占据优势，而且产出上也要大大高于中部、西部和东北地区的国家级开发区。

从国家级经济技术开发区地区生产总值的区域分布看，国家级经济技术开发区生产总值呈现东部地区一枝独秀的局面，东部、中部、西部和东北地区国家级经济技术开发区生产总值占全部国家级经济技术开发区地区生产总值的比重分别为62.70%、17.17%、13.04%和7.09%；从地区生产总值看增速看，东部、中部、西部和东北地区国家级经济技术开发区名义增长率分别为15.09%、13.16%、10.20%和11.68%。从国家级高新技术产业开发区总产值的区域分布看，同样是东部地区一枝独秀，东部、中部、西部和东北地区国家级高新技术产业开发区总产值占全部国家级高新技术产业开发区总产值的比重分别为56.19%、20.82%、16.95%和6.05%。

从地区生产总值看，有60个国家级经济技术开发区GDP的名义增速低于同年全国GDP实际增速（6.6%），占全部国家级经济技术开发区总数的27.40%，其中，16个国家级经济技术开发区名义GDP为负增长，占全部国家级经济技术开发区总数的7.31%。从税收收入看，有37个国家级经济技术开发区的税收收入为负增长，占全部国家级经济技术开发区总数的16.89%。从企业数看，有19个高新技术产业开发区的企业数低于100个，占全部国家级高新技术产业开发区总数的12.18%。从单位面积产值看，有40个高新技术产业开发区的

单位面积产值低于5000万元每公顷，占全部国家级高新技术开发区总数的25.64%。

从土地集约利用总体状况看，2020年度国家级开发区土地利用集约度分值为61.53。其中，东部地区国家级开发区土地利用集约度分值为63.36，中部地区、西部地区、东北部地区依次降低，分别为60.65、58.59和56.67；土地利用集约度呈现“东部>中部>西部>东北部”的梯度分异格局。另外，国家级开发区土地集约利用还存在以下问题。一是国家级开发区中已建成土地占可开发建设土地仅为76.92%，特别是海关特殊监管区和边境经济合作区，占比不到60%。甚至有个别开发区已建成土地占比不足10%。二是国家级开发区内还有较多的待建地，规模达到6.70万公顷。其中，35个国家级开发区待建地在可开发建设土地中的占比超过50%，还有个别开发区超过80%。三是国家级开发区土地闲置率连续两年持续增加，闲置土地面积0.06万公顷，较上年度增加近4成。① 由此可见，不少国家级开发区土地产出率低下，土地集约度不高，竞争力不强。

（三）统计数据信息有待完善

加强国家级开发区统计工作，对全面掌握国家级开发区发展状况、客观评价发展成果、推动国家级开发区更好更快发展具有重要作用。但目前，不同类型的国家级开发区隶属于国家不同部委“分而治之”，其中，国家级经济技术开发区和边境/跨境经济合作区由商务部监管，国家高新技术产业开发区由科技部监管，海关特殊监管区域由海关监管。统计数据在不同部

① 自然资源部：《关于2020年度国家级开发区土地集约利用监测统计情况的通报》，http：//gi.mnr.gov.cn/202101/t20210112_2597883.html。

委之间尚未完全实现互联互通，不同类型国家级开发区数据公开发布的情况不一，统计口径也有差异，统计数据工作还有待完善。因此，应加强国家级开发区数据信息统计，确保国家级开发区统计源头数据真实可靠。这样才能充分发挥统计监督职能作用，加强国家级开发区统计监测分析研究，科学监测国家级开发区发展进程，跟踪反映政策实施效果，密切关注国家级开发区运行中的苗头性、倾向性、突出性问题，深入分析国家级开发区运行的新特点、新变化、新趋势，为国家科学决策提供精准优质的统计服务。

（四）主导产业不突出，同质化竞争严重

在早期建设阶段，依托土地资源优势的招商模式主导了多数国家级开发区的经济发展。很多国家级开发区产业发展缺乏缺乏明确的定位和整体规划统筹，或者对主导产业和发展方向仅立足自身角度，或者即使有规划也不严格落实，而是根据其基础设施建设情况和招商引资情况进行滚动式开发，导致产业定位同质化、产业招商盲目化的现象越发明显。不同地区的国家级开发区之间、同一地区的不同类型国家级开发区之间，产业发展规划趋同，没有区分差异化的产业特色，同类产业或产品仍然存在重复投资和过度竞争问题。例如，国家级经济技术开发区主导产业的雷同程度很高，绝大部分国家级经济技术开发区都把国家鼓励发展的战略性新兴产业作为自己发展的重点。由于同质化恶性竞争，很多竞争力较弱的国家级开发区都存在着“产业点高面低”“有企业无产业”等困境，产业集群效应并不明显，更无法形成高新技术产业链条。主导产业不突出、产业链不完善，已严重制约了国家级开发区的高质量发展。

关于不同类型国家级开发区的产业发展方向，2017 年国务院办公厅发布了《关于促进开发区改革和创新发展的若干意

见》，明确提出国家级经济技术开发区、国家高新技术产业开发区、海关特殊监管区域等国家级开发区要发挥示范引领作用，突出先进制造业、战略性新兴产业、加工贸易等产业特色。由此可见，国家级开发区应明确各自的现代化产业体系构建方向和路径，需进一步明确各自的产业定位，发展特色优势产业，大力调整和转型升级原有的产业结构，防止低水平重复建设，充分发挥新兴产业和新业态的集聚效应。

八　国家级开发区在构建“双循环”新发展格局中的支点作用与提升路径

（一）“双循环”新发展格局的提出背景

当今世界正经历百年未有之大变局，为适应中国经济发展阶段的变化和应对日趋复杂的国际环境，党中央、国务院审时度势做出“要加快构建以国内大循环为主体、国内国际双循环相互促进的新发展格局”（以下简称“双循环”新发展格局）的战略部署。“双循环”新发展格局的提出具有极其重大的战略意义，它不仅是对“十四五”乃至未来更长时期中国经济发展做出的重大战略部署，[①] 也是对中国开启全面建设社会主义现代化国家新征程和实现中华民族伟大复兴的方向性指引。为强大国内市场，构建“双循环”新发展格局，党的十九届五中全会提出，要把实施扩大内需战略同深化供给侧结构性改革有机结合起来，以创新驱动、高质量供给引领和创造新需求。从需求侧来看，国内超大规模的市场优势和内需潜力是构建“双循环”新发展格局的重要基础；从供给侧来看，深层次的改革开放和创新驱动的高质量发展是加快实现“双循环”新发展格局的动力源泉。因此，如何通过高水平的改革开放和高质量的创新来优化供给结构以适应需求结

---

① 刘鹤：《加快构建以国内大循环为主体、国内国际双循环相互促进的新发展格局》，《人民日报》2020 年 11 月 25 日。

构的变化，是实现“双循环”新发展格局的关键。

作为中国改革开放重要的试验田，国家级开发区凭借“先行先试”的特定资源和发展优势成为各地对外开放、吸引外资、扩大出口、开发国内紧缺产品、培育和发展战略性新兴产业的关键载体。经过30多年的发展，这些开发区在区域经济发展中的支撑作用日益明显，成为中国参与全球经济合作、建设创新型国家和世界科技强国的重要支点。截至2018年，中国共设立各类国家级开发区共552个，面积532219.87公顷，遍布31个省（自治区、直辖市），形成了全方位、多层次的开发区体系，为中国构建“双循环”新发展格局提供了良好的支撑。与此同时，经过30多年的快速发展，国家级开发区的内部条件和外部环境也发生了深刻复杂的变化，国家级开发区在新的发展阶段面临着新的机遇和挑战。因此，科学布局国家级开发区，在国家级开发区“一盘棋”中激活每一颗“棋子”，对于促进“双循环”新发展格局至关重要。

（二）“双循环”新发展格局的相关研究

有关“双循环”新发展格局的表述最早出自2020年5月14日中共中央政治局常务委员会会议上提出的“深化供给侧结构性改革，充分发挥中国超大规模市场优势和内需潜力，构建国内国际双循环相互促进的新发展格局”，此后“双循环”新发展格局在一系列重要会议中被多次提及，学界也对“双循环”新发展格局进行了广泛的讨论。汤铎铎等（2020）从全球经济大变局的环境背景进行了分析，认为“双循环”新发展格局的提出因应了新一轮科技与产业变革以及新冠肺炎疫情对中国产业链和供应链安全的挑战。[①] 徐奇渊（2020）在供求关系的框架

① 汤铎铎、刘学良、倪红福等：《全球经济大变局、中国潜在增长率与后疫情时期高质量发展》，《经济研究》2020年第8期。

中分析了“双循环”新发展格局的逻辑，认为“双循环”新发展格局超出了简单的供求关系，贯穿、扩展到了生产、分配、流通、消费各个环节，它继承并扩展了供给侧结构性改革。① 陆江源（2020）从价值创造的角度，评估了国民经济发展依赖国内和国际循环的程度。② 黄群慧（2021）从如何构建完整内需体系的角度，提出了构建现代化的市场体系、产业体系、收入分配体系和消费体系几个方面的改革建议。③ 朱鸿鸣（2020）从习近平新时代中国特色社会主义思想出发，廓清了关于“双循环”新发展格局的三个认识误区。④ 高伟和陶柯（2021）从现代经济循环体系的运行出发，阐释了国内大循环和国际大循环相互促进的内在逻辑。⑤ 上述文献对“双循环”新发展格局的时代背景、科学内涵、内在逻辑、战略意义和实施路径进行了较为丰富的理论阐释。

还有学者侧重于从特定领域提出保障“双循环”新发展格局的具体实施措施。贾根良从现代货币理论视角提出，要通过保障财政主权的完整性，建立人民币基础货币发行的新机制，实现国内经济大循环和推动人民币国际化。⑥ 邵平从金融科技创新的视角，建议通过加快产业金融的数字化转型以彻底解决中

---

① 徐奇渊：《双循环新发展格局：如何理解和构建》，《金融论坛》2020 年第 9 期。

② 陆江源：《从价值创造角度理解“双循环”新发展格局》，《当代经济管理》2020 年第 12 期。

③ 黄群慧：《“双循环”新发展格局：深刻内涵、时代背景与形成建议》，《北京工业大学学报》（社会科学版）2021 年第 1 期。

④ 朱鸿鸣：《双循环新发展格局的内在结构与误区廓清》，《东北财经大学学报》2020 年第 6 期。

⑤ 高伟、陶柯：《“双循环”新发展格局：深刻内涵、现实逻辑与实施路径》，《新疆师范大学学报》（哲学社会科学版）2021 年第 4 期。

⑥ 贾根良：《国内大循环：经济发展新战略与政策选择》，中国人民大学出版社 2020 年版。

小企业融资难、融资贵的长期痛点，使产业金融成为促进“双循环”战略的新引擎。① 俞彤晖和陈斐从流通体系基础性作用的角度，认为构建“双循环”新发展格局需要建设现代流通体系以连接生产与消费。② 张兴祥和王艺明从自由贸易试验区在深化供给侧结构性改革的作用，提出要以自由贸易试验区为基点，构建国家价值链网络。③ 余淼杰从如何把中国经济“双循环”落到实处进行了建议，主张通过重点发展都市圈和城市群的区域经济一体化来畅通国内循环。④ 上述相关研究表明，“双循环”新发展格局的实现需要多措并举，既需要货币、金融等宏观经济政策支撑，也需要激活家庭、企业等微观个体在要素市场和产品市场中的活力，还需要城市等区域主体的承载。

国家级开发区作为一类特殊的地理区域，自其诞生起，其对产业升级、扩大开放、技术创新、经济增长、产城融合等诸多方面的作用就引起了学界的持续关注。国家级开发区大多是所在区域要素集中、市场主体活跃、创新能力强、发展环境优的空间单元，因此国家级开发区有望成为畅通国内循环和国际循环的桥头堡。为此，下文重点分析以下问题：国家级开发区体系与“双循环”协同发展的逻辑是什么？当前国家级开发区的发展状况能否支撑“双循环”新发展格局？国家级开发区促进“双循环”新发展格局有何政策取向？对这些问题的科学回答，有助于我们更好地通过国家级开发区的高质量发展促进

① 邵平：《产业金融数字化助力“双循环”》，《中国金融》2020年第Z1期。

② 俞彤晖、陈斐：《数字经济时代的流通智慧化转型：特征、动力与实现路径》，《中国流通经济》2020年第11期。

③ 张兴祥、王艺明：《“双循环”格局下的自贸试验区》，《人民论坛》2020年第27期。

④ 余淼杰：《“大变局”与中国经济“双循环”发展新格局》，《上海对外经贸大学学报》2020年第6期。

“双循环”新发展格局的形成。

（三）中国经济发展格局与国家级开发区发展历程的演进

1. 新中国成立后至改革开放前，中国基本上只有国内循环

新中国成立之初，中国经济一穷二白，希望借鉴苏联的经济发展模式依靠国家计划来实现工业化，于是启动了第一个五年计划（1953—1957 年）。计划的重点在于集中主要力量，进行以苏联帮助设计和援建的 156 个建设项目为中心、由限额以上的 694 个大中型建设项目组成的工业建设。①“一五”期间，中国基本建立起了一套门类齐全、自成系统的内部工业体系。但这一阶段由于西方国家的封锁和制裁，当时中国经济发展的外部环境异常恶劣，客观上不允许中国发展大规模的国际贸易，中国唯有通过自力更生实现自给自足。因此，这一阶段中国只有国内循环，但在经历“大跃进”运动和“文化大革命”十年浩劫后，这一基本形成尚且脆弱的国内循环在 1976 年濒临崩溃的边缘。

2. 改革开放后至 1988 年，“沿海发展战略”的酝酿与萌芽

1978 年，党的十一届三中全会提出以经济建设为中心的工作思路并陆续推出了一系列的改革开放措施。安徽省凤阳县小岗村开创的家庭联产承包责任制拉开了中国改革开放的序幕，为后续“分灶吃饭”的财政“分级包干”提供了重要的实践经验。1980 年起国家对各省份实行“划分收支、分级包干”的财政体制，为地方注入了活力，调动了地方发展经济的积极性。1980 年设立深圳、珠海、汕头和厦门四个经济特区获得了极大

① 汪同三：《粤桂合作特别试验区体制机制改革创新研究》，中国社会科学出版社 2018 年版。

的成功，1988 年又设立了海南经济特区。作为经济特区的延伸，1984 年开放大连等 14 个沿海城市并于次年扩大为沿海经济开放区。这些举措推动了东南沿海地区的迅速崛起，并带动全国经济快速增长。1987 年国家计委经济研究所副研究员王建向中央提交了《关于国际大循环经济发展战略的构想》，其核心是“大力发展劳动密集产品的出口，在国际市场换回外汇，为重工业发展取得所需资金与技术，再用重工业发展后所积累的资金回来支援农业，从而通过国际市场的转换机制，沟通农业与重工业的循环关系”①。这一观点得到了时任国家领导人的认可，并促成了“沿海发展战略”的提出。

首批经济特区的跨越式发展为进一步的改革开放带来了极大的信心，也为国家级开发区的设立提供了经验参考。通过借鉴经济特区的成功经验，划出一片区域实行更加优惠的开放政策以吸引外资，带动区域经济发展的思想渐渐萌发。1984 年正式设立了第一个国家级经济技术开发区（以下简称“国家级经开区”）——大连经济技术开发区，随后 1984—1988 年，在 14 个沿海港口城市共设立了 14 个国家级经开区。同时，以国家 863 计划和科技部火炬计划为契机，1988 年设立了中国第一家高新技术产业开发区——中关村科技园区。这一阶段是中国国家级开发区的初步探索期，是中国对外开放的又一次巨大创新。

3. 1988—2013 年，以外循环为主、内循环为辅的经济发展格局逐步形成

1988 年中国提出通过沿海发展战略参与国际大循环。以劳动力的资源优势发展劳动密集型产业，以优惠政策吸引外商直接投资，大力发展三资企业；以“两头在外、大进大出”

① 徐奇渊：《双循环新发展格局：如何理解和构建》，《金融论坛》2020 年第 9 期。

的方式推进国际外循环发展。2001 年中国正式加入 WTO，进一步与国际通行规则接轨，逐渐跃居为全球最大的外商直接投资国和出口国，在全球产业分工中形成以中国为中心的双环流格局。① 国际大循环的经济发展战略较好地解决了中国当时经济社会发展水平不高、社会生产力相对落后的主要矛盾问题，客观上推动了中国经济的快速发展。这一阶段中国市场主体参与全球价值链的程度不断加深，但内循环中的国内价值链的发展却相对滞后，形成了以外循环为主、内循环为辅的经济发展格局。

为进一步构建开放型经济新体制和培育吸引外资，在首批国家级经开区建设取得初步成效后，国家级开发区进入快速扩张阶段。截至 2003 年年末，国家级开发区总数达到 172 个，其中国家级经开区 54 个、国家高新区 53 个、海关特殊监管区 31 个、边境/跨境经济合作区 14 个、其他类型的开发区 20 个。这些国家级开发区覆盖了东、中、西部地区各主要城市，将改革开放的进程由沿海地区向内陆推进，至此，中国形成了全方位、多层次、宽领域的国家级开发区体系。1988—2003 年，国家级开发区数量快速扩张，建设质量却参差不齐，出现了一些地方不顾实际条件，盲目设立和扩建各类开发区，造成大量圈占耕地和违法出让、转让国有土地的现象，严重损害了农民利益和国家利益。为规范国家级开发区的审批制度、命名和管理，2003 年下发的《国务院办公厅关于暂停审批各类开发区的通知》对国家级开发区建设存在的问题进行全面整顿并暂停了开发区的审批，这标志着国家级开发区的设立进入审慎发展期。2008 年 11 月，国务院启动省级开发区升级为国家级开发区的审批工作，因此，2009—2013 年新增的国家级开发区大部分是由

① 洪俊杰：《中国开放型经济的双环流理论初探》，《国际贸易问题》2018 年第 1 期。

原来的省级开发区升级而来。

4. 2014—2019 年，以低要素成本、出口为导向的高速增长模式难以持续，国际大循环发展受阻

2014 年，随着中国进入经济新常态，人口老龄化、农村富余人口下降，劳动力成本上升，依靠劳动密集型产业吸引外资、带动出口的方式难以延续。同时，全球市场萎缩和外需断崖式下跌给对外贸易依存度较高的中国经济带来了极大的冲击。2018 年以来的中美经贸摩擦和“逆全球化”不仅加剧了中国的出口压力，也加大了产业链、供应链的断链风险并威胁到国家安全。与国外需求疲软相反，国内需求却由于有效供给不足而造成大量需求外溢，国际大循环动能的减弱，亟须畅通国内大循环为中国经济发展增添动力。这一经济政策思路的调整体现于 2018 年 12 月的中央经济工作会议，会议明确提出了“畅通国民经济循环”“促进形成强大国内市场”。2019 年的政府工作报告进一步明确了“畅通国民经济循环”的表述，并将“促进形成强大国内市场，持续释放内需潜力”列入工作重点。

为适应国际形势和国内发展条件的变化，进一步发挥国家级开发区作为改革试验田和开放排头兵的作用，国务院于 2014 年起相继印发了《关于促进国家级经济技术开发区转型升级创新发展的若干意见》（国办发〔2014〕54 号）、《关于促进开发区改革和创新发展的若干意见》（国办发〔2017〕7 号）、《关于推进国家级经济技术开发区创新提升打造改革开放新高地的意见》（国发〔2019〕11 号）系列文件以促进国家级开发区的转型升级和创新发展。其中，《关于促进开发区改革和创新发展的若干意见》（国办发〔2017〕7 号）是中国第一个关于各类开发区的总体指导文件，其中明确指出了要增强开发区发展的内生动力，支持中西部地区、东北地区承接东部地区开发区的产业转移，鼓励东部地区向中西部地区、东北地区输出品牌、人才、技术、资金和管理经验，支持跨区域合作共建开发区。这些意见要求新形势下国家级开发区的发展要从“自扫门前雪”转向加强区域间的合作，以实现各国家级开发区的协调发展。值得注意的是，在“畅通国内大循环”正式提出之前，国务院就明确提出了要加强国家级开发区之间的分工协作和良性互动发展，这体现了国家级开发区在国家发展战略中的先行示范性。

5. 2020 年，“双循环”新发展格局确立

相对于国际大循环动能的明显减弱，国内大循环的活力不断增长。当前，中国正处于新型工业化、信息化、城镇化、农业现代化的快速发展阶段，并且拥有包括 4 亿多中等收入群体在内的 14 亿多人口所形成的超大规模内需市场，更重要的是，经过四十多年改革开放的快速发展，中国已经建立起全球最完整、规模最大的工业体系，这些因素为构建完整的内需体系创造了有利条件。但“双循环”新发展格局仍要坚定不移地实行对外开放，党中央、国务院根据中国发展阶段、环境、条件的变化，明确提出了“双循环”新发展格局的战略决策。

为更好地发挥国家高新区在联通国内外两大市场的作用，2020 年 7 月国务院发布《关于促进国家高新技术产业开发区高质量发展的若干意见》（国发〔2020〕7 号）。该文件提出要建成若干能够“攻克一批支撑产业和区域发展的关键核心技术”的高科技园区和创新型特色园区。这一关于国家高新区的纲领性文件要求国家高新区要自觉承担起为国家创新发展探路、为高质量发展先行的重大历史责任，成为国内外双向开放的桥头堡和先行地。

综上，中国经济发展格局的演变与国家级开发区的发展历程是相呼应的，反映出国家级开发区在中国经济发展中的重要地位与作用。因此，国家级开发区无疑是构建优势互补、相互

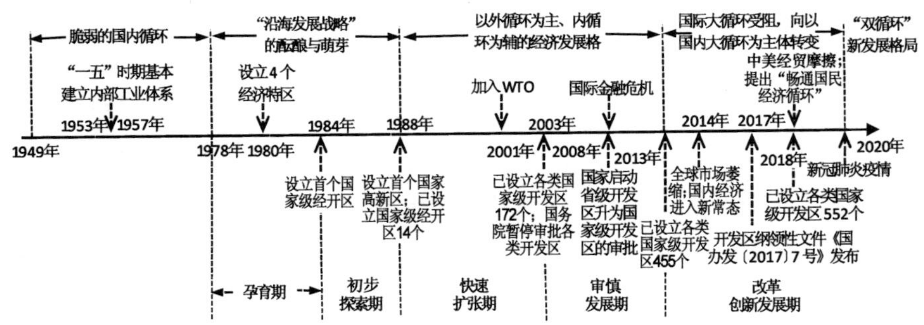

图7－1　中国经济发展格局与国家级开发区发展历程的演进脉络

资料来源：笔者绘制。

促进的国内国际双循环机制之重要阵地。

（四）国家级开发区支撑“双循环”新发展格局的现实依据

构建“双循环”新发展格局的本质是以“畅通国内大循环”促进“双循环”，这至少包括三个重要方面：一是把扩大内需作为首要任务，以国内市场主导国民经济循环；二是国内大循环绝不是要放弃国际市场，而是要通过自立自强将国内市场延伸至国际市场；三是通过国内市场与国际市场之间的联通互动，在满足国内需求的同时，推动全球经济的复苏和增长。经过多年的建设与发展，许多国家级开发区已经成为中国经济发展的高地，有效带动了区域经济发展。它们在整合国内要素、开拓国外市场、产城融合发展、培育战略性新兴产业等方面已经成为全国的先行示范和战略引领。这些国家级开发区不仅集聚了“双循环”所需要的基础要素，也具备了“双循环”所需要的动力功能。因此，在新一轮科技革命和产业变革下，国家级开发区将是中国构建“双循环”新发展格局重要的战略担当。

1. 国家级开发区良好的发展格局为畅通国内大循环奠定了战略支点

布局合理的国家级开发区体系将成为畅通国内大循环的重要回路。截至2018年，中国先后批复设立了552个国家级开发区，面积53.22万公顷。从国家级开发区在四大区域的分布看，这552个国家级开发区分布于中国31个省（自治区、直辖市）的227个地级市和直辖市，其中，位于东部地区、中部地区、西部地区和东北地区的国家级开发区分别有258个、107个、131个和56个。从国家级开发区在内陆与沿海的区位分布看，有310个国家级开发区位于沿海省份，242个国家级开发区位于内陆省份。从中国区域经济协调发展战略来看，有131个国家级开发区位于西部大开发战略的12个省份的要冲位置；107个国家级开发区位于中部六省的关键区域，作为实施中国中部崛起战略的着力点和辐射区域；56个开发区位于东北地区，作为振兴东北老工业基地的龙头区域，引领东北老工业基地的振兴。因此，国家级开发区以宽广的覆盖面和合理的战略布局为畅通国内大循环构筑了重要的战略支点。

2. 国家级开发区众多的市场主体构成了“双循环”要素流动的微观基础

作为市场经济体制的微观基础，市场主体在参与经济活动的过程中，为劳动者提供就业机会，也推动着经济发展和技术进步。2018年，国家级开发区共有企业142.93万个，从业人员2896.17万人。① 从行业看，国家级开发区企业主要集中于批发

① 此处仅对国家级经开区和国家高新区进行了统计，其余三类开发区的企业和从业人员未纳入统计，这两类开发区的企业数量和从业人员数量由国家统计局提供，国家统计局根据全国第四次经济普查各企业的区划代码与商务部提供的开发区的区划代码进行匹配并汇总得到。

和零售业、制造业、租赁和商务服务业，分别占国家级开发区企业总数的31.90%、20.74%、11.63%，其中制造业从业人员的数量占国家级开发区企业从业人员总数的比例高达48.17%。从控股情况看，私人控股企业是国家级开发区企业最主要的组成部分，占国家级开发区企业总数的93.35%，港澳台商和外商控股企业占1.93%，国有和集体控股企业占1.59%，其他控股企业占3.13%。2018年开业（成立）企业27.45万个，比2017年开业（成立）企业数增长了12.54%。2018年，国家级开发区企业中有115.46万个企业正常运营，占国家级开发区企业总数的80.78%；筹建的企业10.31万个，占比为7.21%；当年注销、关闭、破产及其他运营状态占比为12.01%。国家级开发区汇集了众多的制造业企业，且私人控股企业占绝大多数，富有活力和创新精神的市场主体构成了加速要素流动和资源优化配置的微观基础，为构建“双循环”新发展格局提供了超强的活力储备。

3. 国家级开发区领先的经济实力为“双循环”提供了强劲的动力源泉

无论是国内大循环还是国际外循环，都需要能够带动经济循环的强劲动力，国家级开发区强大的经济实力将为经济循环的输入输出提供动力。2018年国家级经开区实现GDP 10.20万亿元，[①] 占全国GDP的比重为11.10%，比2017年提高了0.33个百分点，在中国经济增长中的地位日益凸显。国家级经开区在2018年固定资产投资（不含农户）下降近10个百分点的情况下，GDP仍保持了较高的增速，达到13.85%，超过全国GDP

① 各国家级开发区GDP、税收收入的数据，在五类国家级开发区中目前仅有国家级经开区的经济数据公开可获，因此，此处仅以国家级经开区为例进行阐述，数据来自《中国商务年鉴》（2019）。

名义增速 6.06 个百分点，经济增长质量明显提升。从产业结构看，国家级经开区三次产业增加值之比为 4.64：63.48：31.88，第二产业占据主导地位，其中工业增加值 5.95 万亿元，增速为 9.03%。2018 年经开区实现财政收入 1.94 万亿元，同比增长 7.70%，比全国增速高 1.46 个百分点；实现税收收入 1.74 万亿元，同比增长 10.14%，比全国增速高 1.81 个百分点。国家级开发区作为中国区域经济最具活力与实力的空间单元，责无旁贷地成为推动“双循环”的动能源泉。

4. 国家级开发区强大的生产、配套能力为突破循环“堵点”积累了坚实的技术基础

畅通国内大循环需要自立自强的产业链和供应链作保障，国家级开发区强大的生产能力和完善的配套能力为畅通国内大循环、塑造中国在国际大循环中的主动地位储备了必要的技术条件。中国具有全球最完整、规模最大的工业体系，国家级开发区作为地方优势特色产业的承载基地具有构建现代化工业体系的先天优势和技术条件。根据《中国开发区审核公告目录(2018 年版)》，中国国家级开发区尤其是国家高新区的主导产业主要集中在装备制造、电子信息、生物医药、新能源、新材料、机器人等高新技术产业。2018 年国家高新区实现总产值 21.39 万亿元、营业收入 33.63 万亿元，国家高新区营业收入占全国工业企业主营业务收入的比重为 31.80%，国家高新区已成为区域经济发展的创新高地。此外，国家级经开区也是高技术产品的重要生产基地，2018 年国家级经开区实现高新技术产品出口 1.25 万亿元，占国家级经开区出口总额的 36.74%；国家级经开区高新技术产品出口总额比 2017 年增长 12.77%，高于全国出口总额增速 2.94 个百分点。国家级开发区坚实的技术基础将有助于突破循环“堵点”，解决“双循环”中的“卡脖子”问题。

5. 国家级开发区高水平的对外开放为吸引国外要素资源创造了广阔的市场机会

构建“双循环”新发展格局需要利用好国内国外两个市场和两种资源，国家级开发区以完善的基础设施建设、优惠的税收政策和良好的营商环境成为中国吸引外资和开展对外贸易的重要平台。从国家级经开区进出口和外资利用的情况看，① 2018年，国家级经开区出口总额3.41万亿元，比2017年增长9.83%；进口总额2.78万亿元，比2017年增长11.92%；进出口总额6.19万亿元，比2017年增长10.76%。国家级经开区出口总额占全国出口总额的19.79%，进口总额占全国进口总额的19.44%，进出口总额占全国进出口总额的20.31%。2018年，国家级经开区实际利用外资513.33亿美元，比2017年增长5.65%，增速领先全国增速2.65个百分点。国家级经开区实际利用外资额占全国实际利用外资额的38.03%，比2017年提高了0.96个百分点。国家级开发区通过促进要素的有序流动和高效配置将有助于夯实国内大循环的主体地位，国家级开发区高水平的对外开放也为世界贡献更多的“中国机遇”，国内外要素在国内国外两个市场更大范围、更深层次的流动与配置在促进国际外循环的同时，也将进一步提升国内大循环的效率和水平。

（五）如何提升国家级开发区对“双循环”新发展格局的支撑作用

1. 要提高国家级开发区内生增长动能，激发其高质量发展活力

（1）做大做强实体经济。实体经济是国民经济的血脉，国

① 笔者根据《中国商务年鉴》（2019）中的数据整理计算。

家级开发区是中国实体经济尤其是制造业的重要承载地，国家级开发区要坚持把做大做强实体经济作为主攻方向，筑牢经济行稳致远的根基。与金融、房地产等行业的高利润率相比，制造业的利润率较低，因此国家级开发区内一些实体经济企业“见异思迁”，将资金投向区外的非实体产业。还有一些企业为享受国家级开发区优惠的税收政策，假借金融之名，实则开发房地产，在国家级开发区经济高质量发展的道路上埋下隐患。国家级开发区要放管结合，切实服务好区内实体经济企业，严把招商引资准入门槛，充分发挥国家级开发区集聚效应，提升实体经济的发展规模和质量。国家发展改革委要加大对国家级开发区的监管，防止地方政府打着开发区建设的旗号圈地大搞房地产开发，摆脱地方政府对土地财政畸形依赖的现状，守护壮大实体经济这条发展命脉。

（2）着力推进产城融合。产业发展需要城市的承载，城市发展需要产业作保障，国家级开发区要依托产城融合，实现以产兴城、以城带产，把提升国家级开发区的内生增长动能和扩大内需相结合。目前，一些国家级开发区仍然存在产业园区与生活区、商务区、办公区空间布局不合理的问题。国家级开发区要进一步提高空间规划的品质，在突出其生产功能的同时，统筹推进生活空间、商业空间、生态空间的建设，促进国家级开发区的综合承载能力和人口集聚能力。新型城镇化既是提振居民消费的“助推器”，也是扩大有效投资的“引擎”，是国家级开发区未来产城融合发展的主要着力点。地方政府要协同推进新型城镇化与国家级开发区转型升级，充分发挥新型城镇化建设的巨大内需潜力，开拓城乡消费市场，畅通城乡之间的经济循环。新型城镇化的产城融合道路可增强国家级开发区在推动人流、物流、资金流、信息流等要素的城乡间双向流动，实现国家级开发区现代要素与农村闲置资源的融合对接。

（3）坚持创新驱动发展。畅通国民经济循环要求提升供给体系对国内需求的适配性，国家级开发区必须抓牢创新驱动高质量发展的不竭动力，增强供给体系的创新力和关联性。尽管中国高技术产业自主创新能力已大幅提升，但一些关键材料、关键零部件（元器件）、高端设备仍大多依赖出口，备受关注的华为芯片断供即是最好的例证。国家级开发区要始终坚持创新驱动发展战略，通过制度创新为企业自主创新提供支持与服务，强化企业创新主体地位。国家级开发区要加快科技企业孵化器、大学科技园、众创空间等创新创业服务平台的建设，促进产学政研协调创新。国家级开发区要创新人才培育与引进机制，鼓励企业设立科技创新发展基金，吸引集聚高端创新资源。鼓励国家级开发区内企业创建智能工厂、智能车间和进行产业数字化转型，以创新驱动破解要素约束。有条件的国家级开发区要通过建设国家重点实验室、工程（技术）研究中心，集中力量攻克关键核心技术项目，解决各类“卡脖子”技术难题。

2. 要健全合作共建机制，实现国家级开发区产业链“微循环”

（1）科学布局国家级开发区体系。区域间的协同发展有助于构建体系完备、结构合理的内循环体系，国家级开发区是区域经济发展的龙头，政府要重视国家级开发区地域发展不平衡的问题。当前国家级开发区的空间发展格局呈现明显的“东强西弱”特征，未来，在国家级开发区的审批和设置上要以国家四大区域发展战略为引领，对全国的国家级开发区进行统筹规划、科学布局，形成分工有序、功能互补、高效协同的国家级开发区体系，以国家级开发区“一盘棋”推进区域间的协调发展，促进区域市场的一体化建设。

（2）健全国家级开发区合作机制。国家级开发区体系是构建“双循环”必须的传导通道和功能单元，它对推动“双循环”起着举足轻重的作用，建立和健全国家级开发区合作机制可为畅通开发区“微循环”提供有力保障。许多国家级开发区缺乏明确的发展定位，相邻开发区的产业发展规划趋同，导致国家级开发区之间同质化恶性竞争，致使竞争力较弱的国家级开发区内出现“企业聚而产业不集”的现象，无法形成高新技术产业链条。要以产业链布局为主线，鼓励东部地区的国家级开发区企业向中西部和东北地区国家级开发区有序转移。各级政府要在遵循市场规律的基础上，建立和完善合作共建、利益共享的国家级开发区长效合作机制，支持省际尤其是交界地区国家级开发区的合作共建，扭转国家级开发区各自为政、重复建设的不利局面。国家级开发区间要加强干部交流、人才培训等方面深度合作，鼓励中部、西部和东部地区国家级开发区遴选管理骨干到东部地区先进国家级开发区学习园区管理和国家级开发区体制机制建设的先进经验。鼓励国家级开发区通过联合组织招商、招商信息共享、共同培育新兴产业等方式加强国家级开发区之间的产业务实合作。

（3）建立现代化产业体系。建设现代化产业体系是实现“双循环”的产业基础，国家级开发区要充分发挥现有的产业优势，巩固加强产业链、供应链的可靠性，以增强“双循环”的韧性。国家级开发区有良好的产业基础，但并不意味着每个国家级开发区都去建设“大而全”的城市产业体系，而应该是结合自身产业发展基础、条件和新一轮科技与产业变革发展动向，对现有产业进行整合、优化、升级，明确主导产业，延伸和拓展产业链，提升产业链的竞争力，打造产业链经济。国家级开发区要在巩固传统优势产业链的基础上，加快推进新技术与重大基础设施的深度融合，提升产业创新能力，提升产业链现代化水平。同时，应加强国家级开发区之间产业链、供应链、创新链的合作网络，以国家级开发区之间的合作带动产业链与经济的紧密联结，通过补齐产业链、供应链、创新链短板，积极构建以中国为中心的产业链、供应链生产组织网络，加快建成现代化产业体系，提升中国供给体系的自主可控，使国家级开发区对“双循环”的支撑力更加强韧。

3. 要强化国家级开发区辐射带动效应，夯实国内大循环的主体地位

（1）完善基础设施互联互通。完备的基础设施是实现供需互促共进良性循环的重要基石，国家级开发区要进一步完善基础设施网络，提升开发区的辐射带动能力。国家级开发区要尽快补齐基础设施建设的短板。部分早期设立的国家级开发区存在基础设施老旧破损、安全隐患较大、空间容量不足等问题，这些国家级开发区要加快推进基础设施的改造和优化。一些新设立的国家级开发区要加快打通基础设施“最后一公里”，打通水电气路等管线的“毛细血管”。地方政府要强化国家级开发区的辐射带动效应，通过统筹城乡基础设施和公共服务建设，缩短城乡之间的“空间距离”和“公共服务设施落差”，使国家级开发区成为促进城乡互动的枢纽，将国家级开发区建设与城乡一体化建设协同推进，改变“城是城，乡是乡”的面貌。利用国家级开发区的产业发展和基础设施建设的互联互通促进农村劳动力就地就近城镇化，打通城乡循环的痛点和堵点。

（2）加快新型基础设施建设。相比传统基础设施建设，新型基础设施建设（以下简称“新基建”）对产业和区域具有更大的规模性和更强的溢出效应，国家级开发区要成为“新基建”的主阵地，促进不同产业的融合发展和各地区数据的共享共用，进而巩固和拓展国内大循环。各国家级开发区要把握新一轮科技和产业革命的历史机遇，根据自身产业基础、人才支撑、自然气候、空间承载力等条件，围绕5G、特高压、城际高速铁路和城际轨道交通、新能源汽车充电桩、大数据中心、人工智能、工业互联网等“新基建”领域进行科学布局。国家级开发区要着力推动互联网、大数据、人工智能同实体经济的融合发展，把“新基建”作为国家级开发区培育新动能、带动消费升级的重要抓手，加快开发区经济的转型升级。国家要尽快制定针对国家级开发区开展“新基建”投产的指导意见，避免一哄而上带来的重复建设和资源浪费。同时，还要加快制定数据安全共享的制度建设，推进信息的互通互连和数据共享，促进数据要素跨企业、跨行业、跨部门、跨区域流通。

4. 要厚植国家级开发区双向开放基因，助力内外两个循环畅通互动

（1）持续优化营商环境。“双循环”要求市场在资源配置中发挥决定性作用，这需要更好的营商环境作为前提条件，国家级开发区要深化改革开放，以市场化、法制化、国际化的一流营商环境体吸引全球优质资源深度参与“双循环”。在充满不确定性的当下，国家级开发区要通过持续优化营商环境体系为企业打造一个稳定、公平、透明的市场。在政策稳定性方面，国家级开发区要加强政策的稳定性与连贯性，以帮助企业在做投资决策时形成稳定的预期。在统筹治理方面，国家级开发区要设立一个专门的统筹协调部门，帮助企业在面临多方监管时，为企业提供一站式服务。在政策制定方面，国家级开发区要让企业家参与开发区政策的制定及市场监管，使得国家级开发区政策契合市场主体的困难需要。国家级开发区要注意适时对新政策进行全面效果评估并听取市场主体对政策的评价。在公平性方面，国家级开发区要逐步将特惠制度扭向普惠制度，以促进内资企业与外资企业、国有与非国有企业、大中型企业与小微企业的公平有序竞争。

（2）推进双向开放合作竞争。传统以低价格的要素吸引外资的“单车道”式对外开放已经难以维系中国与世界经济的良性互动，国家级开发区要审时度势推进“请进来”和“走出去”双向开放来促进中国与世界经济的合作共赢。一方面，国家级开发区要创新“请进来”的方式，积极推广开发区和自贸区联动建设，利用开发区和自贸区的政策叠加优势降低进出口关税成本，化解贸易壁垒，让海外企业更便捷地进入国内市场，实现国外资金、人才、技术等要素在国内市场的高效配置；另一方面，国家级开发区还要不惧“走出去”。国家级开发区要围绕钢铁、水泥、煤炭、装备制造等优势产业，将去产能与国际产能合作相结合，扩大国际循环的流量。国家级开发区要鼓励独角兽企业、瞪羚企业和冠军企业主动“走出去”，到国际市场中参与竞争与合作，通过自主知识产权设备与产品的出口，实现更高质量的国际循环。国家级开发区还要鼓励民营企业积极开展海外并购，通过吸纳海外先进要素实现全球价值链的高端攀升，以更强的竞争力参与国际循环。

参考文献

卞泽阳、李志远、徐铭遥：《开发区政策、供应链参与和企业融资约束》，《经济研究》2021 年第 10 期。

薄文广、殷广卫：《国家级新区发展困境分析与可持续发展思考》，《南京社会科学》2017 年第 11 期。

曹清峰：《国家级新区对区域经济增长的带动效应——基于 70 大中城市的经验证据》，《中国工业经济》2020 年第 7 期。

陈升、李兆洋、唐雲：《清单治理的创新：市场准入负面清单制度》，《中国行政管理》2020 年第 4 期。

程春生：《把国家级新区建设成为产城融合发展的示范区——以福州新区为例》，《社科纵横》2016 年第 10 期。

邓春玉：《我国开发区管理体制创新趋势分析——兼论广东湛江国家级经济技术开发区东海岛新区管理体制》，《城市发展研究》2007 年第 1 期。

高伟、陶柯：《“双循环”新发展格局：深刻内涵、现实逻辑与实施路径》，《新疆师范大学学报》（哲学社会科学版）2021 年第 4 期。

郭玲：《新时期中国开发区功能定位与管理体制创新探讨》，硕士学位论文，厦门大学，2008 年。

韩加君：《开发区升级》，《招商周刊》2005 年第 1 期。

郝寿义、曹清峰：《论国家级新区》，《贵州社会科学》2016 年第 2 期。

洪俊杰：《中国开放型经济的双环流理论初探》，《国际贸易问题》2018 年第 1 期。

胡森林等：《中国省级以上开发区空间分布特征及影响因素》，《经济地理》2019 年第 1 期。

黄群慧：《“双循环”新发展格局：深刻内涵、时代背景与形成建议》，《北京工业大学学报》（社会科学版）2021 年第 1 期。

黄先海、诸竹君：《生产性服务业推动制造业高质量发展的作用机制与路径选择》，《改革》2021 年第 6 期。

贾根良：《国内大循环：经济发展新战略与政策选择》，中国人民大学出版社 2020 年版。

江渝：《开发区管理体制模式与改革路径》，《中国机构改革与管理》2016 年第 9 期。

金碚：《关于“高质量发展”的经济学研究》，《中国工业经济》2018 年第 4 期。

雷霞：《我国开发区管理体制问题研究》，博士学位论文，山东大学，2009 年。

李金昌、史龙梅、徐蔼婷：《高质量发展评价指标体系探讨》，《统计研究》2019 年第 3 期。

李丽霞、李培鑫、张学良：《开发区政策与中国企业“出口—生产率悖论”》，《经济学动态》2020 年第 7 期。

刘鹤：《加快构建以国内大循环为主体、国内国际双循环相互促进的新发展格局》，《人民日报》2020 年 11 月 25 日。

卢山冰、黄孟芳主编：《国家级新区研究报告 2019》，社会科学文献出版社 2019 年版。

陆江源：《从价值创造角度理解“双循环”新发展格局》，《当代经济管理》2020 年第 12 期。

吕珂、胡列曲：《跨境经济合作区的功能》，《学习与探索》2011 年第 2 期。

吕守军、代政：《新时代高质量发展的理论意蕴及实现路径》，

《经济纵横》2019 年第 3 期。
吕延方、方若楠:《中国制造业高质量发展的包容性与绿色检验》,《现代经济探讨》2021 年第 7 期。
马茹、罗晖、王宏伟等:《中国区域经济高质量发展评价指标体系及测度研究》,《中国软科学》2019 年第 7 期。
牛亚丽:《农业产业链高质量发展的治理生态研究——基于“互联网 + 农业产业链”的融合创新视角》,《经济与管理》2021 年第 3 期。
任保平、李禹墨:《新时代我国高质量发展评判体系的构建及其转型路径》,《陕西师范大学学报》(哲学社会科学版) 2018 年第 3 期。
邵平:《产业金融数字化助力“双循环”》,《中国金融》2020 年第 Z1 期。
汤铎铎、刘学良、倪红福等:《全球经济大变局、中国潜在增长率与后疫情时期高质量发展》,《经济研究》2020 年第 8 期。
汪同三主编:《粤桂合作特别试验区体制机制改革创新研究》,中国社会科学出版社 2018 年版。
王佳宁、罗重谱:《国家级新区发展模式比较与重庆两江新区发展的路径选择》,《重庆社会科学》2017 年第 1 期。
王佳宁、罗重谱:《国家级新区管理体制与功能区实态及其战略取向》,《改革》2012 年第 3 期。
王素君、宋鸿芳、田雯:《雄安新区高质量发展统计指标体系及测度研究》,《统计与管理》2021 年第 5 期。
魏澄荣:《国家级新区用地困境及破解路径——以福州新区为例》,《福建论坛》(人文社会科学版) 2019 年第 12 期。
徐奇渊:《双循环新发展格局:如何理解和构建》,《金融论坛》2020 年第 9 期。
徐勇:《国家级新区行政管理体制改革经验及对江北新区的启示》,《中共南京市委党校学报》2015 年第 3 期。

杨耀武、张平：《中国经济高质量发展的逻辑、测度与治理》，《经济研究》2021 年第 5 期。

余淼杰：《“大变局”与中国经济“双循环”发展新格局》，《上海对外经贸大学学报》2020 年第 6 期。

俞彤晖、陈斐：《数字经济时代的流通智慧化转型：特征、动力与实现路径》，《中国流通经济》2020 年第 11 期。

张杰、毕钰、金岳：《中国高新区“以升促建”政策对企业创新的激励效应》，《管理世界》2021 年第 7 期。

张兴祥、王艺明：《“双循环”格局下的自贸试验区》，《人民论坛》2020 年第 27 期。

赵东方、武春友、商华：《国家级新区绿色增长能力提升路径研究》，《当代经济管理》2017 年第 12 期。

赵剑波、史丹、邓洲：《高质量发展的内涵研究》，《经济与管理研究》2019 年第 11 期。

周霞、王楠、毕添宇等：《高质量发展导向下国家级新区空间优化——基于双效评价与四分图分析》，《城市发展研究》2021 年第 6 期。

朱鸿鸣：《双循环新发展格局的内在结构与误区廓清》，《东北财经大学学报》2020 年第 6 期。

《〈长春新区发展总体规划（2016—2030）〉新闻发布会》，http：//www. jlio. gov. cn/index. php/xwfb/szfxwfbh/3052 – 2016 – 2030. html。

《边境合作区 20 周年：改革快速高效经济和谐发展》，http：//ezone. mofcom. gov. cn/aarticle/joinus/201212/2012120847035 2. html。

《广州南沙新区城市总体规划（2012—2025）》，http：//www. gzns. gov. cn/zwgk/ghjh/content/post_ 3870147. html。

《国家发改委 7 月 23 日发布〈大连金普新区总体方案〉》，http：//www. gov. cn/zhuanti/2014 – 08/21/content_ 2738015. htm。

《国家发展改革委关于印发云南滇中新区总体方案的通知》（发改

地区〔2015〕2170号），http：//www. gov. cn/xinwen/2015 - 09/29/content_ 2940769. htm。

《国务院关于河北雄安新区总体规划（2018—2035年）的批复》（国函〔2018〕159号），http：//www. gov. cn/zhengce/content/2019 - 01/02/content_ 5354222. htm。

《国务院关于同意设立长春新区的批复》（国函〔2016〕31号），http：//www. gov. cn/gongbao/content/2016/content_ 5045965. htm。

《国务院关于同意设立大连金普新区的批复》（国函〔2014〕76号），http：//www. gov. cn/gongbao/content/2014/content _ 2717362. htm。

《国务院关于同意设立福州新区的批复》（国函〔2015〕137号），http：//www. gov. cn/gongbao/content/2015/content _ 2937322. htm。

《国务院关于同意设立贵州贵安新区的批复》（国函〔2014〕3号），http：//www. gov. cn/gongbao/content/2014/content _ 2567171. htm。

《国务院关于同意设立哈尔滨新区的批复》（国函〔2015〕217号），http：//www. gov. cn/zhengce/content/2015 - 12/22/content_ 10466. htm。

《国务院关于同意设立湖南湘江新区的批复》（国函〔2015〕66号），http：//www. gov. cn/gongbao/content/2015/content _ 2856655. htm。

《国务院关于同意设立江西赣江新区的批复》（国函〔2016〕96号），http：//www. gov. cn/gongbao/content/2016/content _ 5086352. htm。

《国务院关于同意设立陕西西咸新区的批复》（国函〔2014〕2号），http：//www. gov. cn/gongbao/content/2014/content _ 2567170. htm。

《国务院批复赣江新区总体方案》，https：//jxrd. jxnews. com. cn/

system/2016/07/05/015021292. shtml。
《哈尔滨新区总体规划（2018—2035 年）》，http：//www. harbin. gov. cn/art/2019/11/27/art_ 21349_ 816949. html。
《海关特殊监管区域在我国对外开放中发挥了积极作用》，http：//www. scio. gov. cn/32344/32345/39620/39629/zy39633/Document/1645166/1645166. htm。
《河北雄安新区规划纲要》，http：//www. xiongan. gov. cn/2018 - 04/21/c_ 129855813_ 2. htm。
《湖南湘江新区发展规划（2016—2025 年）》，http：//fgw. hunan. gov. cn/xxgk _ 70899/ghjh/201605/t20160518 _ 3059045. html。
《兰州新区 2018 年收支简况》，http：//www. lzxq. gov. cn/system/2019/01/04/000089744. shtml。
《兰州新区概况》，http：//www. lzxq. gov. cn/system/2018/10/25/030000231. shtml。
《南京江北新区发展总体规划（摘录）》，http：//njna. nanjing. gov. cn/zjxq/fzgh/。
《中国开发区审核公告目录（2018 年版）》，https：//www. ndrc. gov. cn/xxgk/zcfb/gg/201803/W020190905485789879419. pdfl。
《舟山群岛新区总体规划》，http：//zszjj. zhoushan. gov. cn/col/col1562445/index. html。
《江苏制造业规模连续 8 年保持全国第一》，http：//www. cinic. org. cn/xy/js/582528. html。
《科学研究和技术服务业蓬勃发展》，http：//www. beijing. gov. cn/gongkai/shuju/sjjd/202004/t20200421_ 1860398. html。
《国务院关于同意设立南京江北新区的批复》（国函〔2015〕103 号），http：//www. gov. cn/gongbao/content/2015/content_ 2897195. htm。
《国务院关于同意设立青岛西海岸新区的批复》（国函〔2014〕

71 号），http：//www. gov. cn/gongbao/content/2014/content_2701554. htm。

《国务院关于同意设立四川天府新区的批复》（国函〔2014〕133 号），http：//www. gov. cn/gongbao/content/2014/content_2771076. htm。

《山东省人民政府关于〈青岛西海岸新区总体规划（2018—2035 年）〉的批复》（鲁政字〔2018〕239 号），http：//www. shandong. gov. cn/art/2018/10/23/art_ 2267_ 28844. html。

《四川省人民政府关于四川天府新区总体规划（2010—2030 年）（2015 年版）的批复》（川府函〔2015〕230 号），http：//www. sc. gov. cn/10462/10464/10684/10694/2015/11/16/10358824. shtml。

后　记

改革开放以来，为促进区域经济发展以支撑国家宏观经济的增长，中国在区域经济发展政策上进行了一系列的改革创新，相继设立了经济特区、沿海经济开放区、国家级经济技术开发区、国家高新技术产业开发区和国家级新区等比较特殊的区域来促进开放和发展。其中包括国家级经济技术开发区、国家高新技术产业开发区、海关特殊监管区域、边境/跨境经济合作区和其他类型的开发区共五大类国家级开发区。国家级开发区由国务院审批并享有相关特殊优惠政策，在这些开发区的建设过程中需要解决一些深层次的问题，而这些问题既有产业特性方面的技术问题，也有行政区域方面的管理体制问题。因此，国家级开发区的建设和发展既与产业发展有关，又与体制机制有关，需要更综合的、更完备的措施来解决其发展所面临的一系列问题。另外，为培育能够辐射带动区域发展经济增长极，促进产城融合新发展，需要打造创新体制机制的示范区。为破解这些困境，国家级新区应运而生，成为中国区域经济改革发展的又一重要形式。

2018 年是改革开放 40 周年，也是国务院开展第四次全国经济普查之年。从 1984 年开始设立国家级经济技术开发区和 1992 年设立首个国家级新区——上海浦东新区以来，无论是作为新兴产业、高技术产业主要承载地和各地发展外向型经济重要窗口的国家级开发区，还是承担国家重大发展和改革开放战略任务综合功能平台的国家级新区，其建设发展都取得了显著成效，积累了许多宝贵经验，同时，在新时期也不同程度地面临新的发展问题。2018 年第四次全国经济普查为盘点国家级新区和开发区的产业结构、新动能培育、体制机制等方面的发展状况提供了宝贵的数据资料。

本研究报告共 8 部分，其中第一部分对国家级新区与开发区发展状况相关研究进行文献述评。第二部分介绍国家级新区设立的情况、发展历程和管理体制。第三部分总结了国家级新区发展过程中取得的成就，指出了国家级新区在新时期发展存在的问题，并对国家级新区高质量发展提出了对策建议。第四部分梳理了国家级开发区的设立情况、主要功能、管理体制，分析了国家级开发区企业的发展状况。第五部分分析了国家级经济技术开发区的经济发展状况以及重点产业的发展情况。第六部分分析了国家高新技术产业开发区的企业数量和从业人员数量、总产值、营业收入、净利润、缴税、出口的发展状况。第七部分探讨了以国家级开发区体系作为“双循环”重要支点的可行性，以及如何提升国家级开发区对“双循环”的战略支撑。

本研究报告主要使用的数据资料包括：国家统计局第四次经济普查国家级开发区汇总数据、科技部国家高新技术产业开发区汇总数据（2018 年）、商务部国家级经济技术开发区汇总数据（2018 年）、《中国商务年鉴》（2019）、各省（自治区、直辖市）统计年鉴、各国家级新区和开发区政府工作报告和统计公报等。

笔者的硕士研究生崔琳昊、程果、陈续参与了本研究相关数据和资料的收集和整理工作，他们为本研究能够按计划顺利完成提供了极大的支持。在此，谨向他们耐心、细致、认真、高效的工作表示感谢。

本研究报告对国家级新区和开发区的建设和发展状况进行

了梳理、比较、分析和总结，旨在为关心国家级新区和开发区建设的各界人士提供参考与借鉴。限于本人的知识水平和研究能力，本研究报告的纰漏和不足之处在所难免，恳请各位提出宝贵意见。

冯烽，中国社会科学院数量经济与技术研究所大数据与经济模型研究室副研究员，兼任中国社会科学院大学硕士研究生导师。长期从事经济计量分析研究工作，尤为擅长能源经济计量分析；主持国家社会科学基金、中国博士后科学基金等课题多项；在《数量经济技术经济研究》《经济管理》等学术期刊上发表论文四十余篇；获省级优秀科研成果二等奖1项、三等奖3项，被评为全国大学生数学建模竞赛优秀指导教师。